U0275138

婚姻律师进阶教程

于琦 著

清华大学出版社

北京

图书在版编目（CIP）数据

婚姻律师进阶教程 / 于琦著. —北京：清华大学出版社，2023.9

ISBN 978-7-302-64389-0

Ⅰ．①婚…　Ⅱ．①于…　Ⅲ．①婚姻法－案例－中国－教材　Ⅳ．①D923.905

中国国家版本馆CIP数据核字(2023)第148134号

责任编辑：刘　晶
封面设计：徐　超
责任校对：王荣静
责任印制：曹婉颖

出版发行：清华大学出版社
　　　　网　　　址：http://www.tup.com.cn，http://www.wqbook.com
　　　　地　　　址：北京清华大学学研大厦A座　邮　　　编：100084
　　　　社 总 机：010-83470000　邮　　　购：010-62786544
　　　　投稿与读者服务：010-62776969，c-service@tup.tsinghua.edu.cn
　　　　质 量 反 馈：010-62772015，zhiliang@tup.tsinghua.edu.cn
印 装 者：河北鹏润印刷有限公司
经　　　销：全国新华书店
开　　　本：130mm×185mm　印　　张：6.5　字　　数：84 千字
版　　　次：2023年 10 月第 1 版　印　　次：2023 年 10 月第 1 次印刷
定　　　价：69.80元

产品编号：102203-01

把工作雕刻成艺术品

2008 年我刚执业，误打误撞进了婚姻律师领域。当时有人对我说：婚姻律师这一行没什么前途，法条少，又没有技术含量，做这行没什么大发展。

但我正式入行以后，却发现事实并非如此。

正是因为婚姻案件涉及的法条少，法官的自由裁量权才比较大，律师也就更有发挥的空间了。

而且，我发现在婚姻案件中，沟通是比开庭还重要的技术，把沟通工作做好了，往往会事半功倍。

这里的沟通包括和自己的当事人沟通、和对方当事人谈判、和法官博弈，每一步都有玄机。

因此，从业以来我除了学法律知识，也在学习心理学知识、谈判技术和方法。十多年以后，不光是自己的收入提高了，当事人的满意度也越来越高。事实证明，婚姻业务领域，不仅很有发展，而且细节上也有很多可以雕琢之处。

比如前些年，当我临睡前接到当事人情绪化的微信时，也很难拒绝，总想及时回复以讨好当事人。但是随着业务水平的精进，慢慢地，我开始建立自己的边界，温柔地坚定自己的底线。

再比如，原来有些当事人总是能戳中我的怒点，咨询中我总是忍不住怼回去。但后来我却越来越能理解他们，我懂得他们彼时的无助感，知道自己只不过是他们情绪的替罪羊。想明白这些，我的心情也就好多了。

所以，"新手"婚姻律师，需要的不只是提高对法条的熟练程度，也不只是完善取证的方式方法，还有必要听听我这个"老手"婚姻律师的思维方法、办案心得。

我写这本书，将自己十几年来积累的经验、总结的教训和大家分享。

本书从怎么接咨询、怎么照顾当事人的情绪，到开庭如何表现、庭外如何调解，都配有具体的办案细节供拆分解析。

总结起来，我想表达的内容，可以用以下几句话概括。

1. 任何一个领域，只要坚持一条道路，重复做，就有可能做成艺术品；

2. 做案子要多琢磨，不断思考接近完美的方法；

3. 全身心投入工作，干一行爱一行是人生中最幸福的事情，毕竟生命中有一半的时间，我们都在工作中度过。

作者

2023 年 9 月 10 日

目　录

第一章
婚姻案件的特殊性

我做了十七年的婚姻律师，代理了几百起离婚案件，写了近三千份各种各样的婚姻方面的协议。

我平均每天都要和几位客户见面聊天或者电话沟通。也就是说，我每年要听几百个关于婚姻的故事。

所以常有同行问我：于律师，你认为婚姻案件和其他案件最大的不同是什么？男律师适合做婚姻律师吗？

下面我就来讲讲婚姻案件的特殊性以及这些年我对行业变化的感受。

01 客户情况介绍

我做婚姻律师的这十几年，是中国离婚率迅速升高的十几年。大城市的离婚率，从我入行时的百分之十几，一直到现在的百分之四十多。案件数量越来越多，很多人也能感觉到身边离婚的人明显增多。

所以我算一入行就进入了"朝阳产业"。根据社会发展的一般规律，经济的快速发展，一定会带来离婚率的提高，这是社会变革时期的必然结果。

再说说离婚人群的年龄变化。

我的当事人，逐渐呈现年轻化趋势。自从业到现在，我代理的客户主体从"70后"转为"80后"，现在离婚的主体是"85后""90后"。

我二十四岁当律师的时候接的离婚案件，当事人大多是四十来岁。那时候客户嫌我年轻，我师父让我一定要装成熟，穿显老的衣服，举止沉稳——怕当事人嫌我太嫩。

也常常有当事人问我：你结婚了吗？我说没有，人家就开始怀疑我的能力，说一个没有结过婚、没有生过孩子的人，怎么能理解要离婚的人的痛苦呢？这个时候，我一般就拿自己的专业能力征服他们。

　　还有的当事人很体贴地说：你天天接触我们这些对婚姻失望的人，会不会恐婚啊？他们还告诉我很多过来人的经验，比如不要和婆婆一起住，要相处两年以上再结婚，等等。

　　几年之后，我发现"80后"逐渐走上了离婚的路。慢慢地，找我咨询离婚的人都变成我的同龄人了。

　　现在，找我的客户大部分是比我小的，几乎都是"85后"，还有很多"90后"。不少当事人，都管我叫姐了。

　　我自己的感受是，离婚的主体越来越年轻化，从最早的四十来岁，到现在的三十出头。

　　一些民间机构的调查显示，离婚案件的高发期就是结婚四年前后，按照中国大城市人口的婚龄，三十岁之前结婚的话，三十岁出头时的离婚率最高。

　　结婚四年前后离婚率最高这一规律，在国外的调查结论里也得到了验证。因为这时候，大家一般都有了孩子。如果婚前没有充分的了解和磨合，比如被父母催着才结婚的、第一次谈恋爱没经验的、大龄青年不得不凑合结婚的、奉子成婚的……这些婚姻本身的感情基础就不稳固，加上孩子一出生，双方老人一参与，矛盾就爆发了。

02　从城市分布上来看，一线大城市的离婚咨询数量最多

从全国调查数据的基本情况来看，东北地区离婚率最高，但是东北地区给我打咨询电话的人却极少。付费咨询最多的就是北京、上海、广州、深圳这几个大城市，再加上广东、浙江等省份，咨询的比例占到了我每年接听的咨询数量的百分之七八十。

这在一定程度上体现了全国的经济发展走势，一二线城市的群体付费能力强，付费意识也高——不仅有资产，也愿意为专业知识付费。而我自己代理的案件也只选择一些大城市的，毕竟这样的城市的司法环境更为发达，我自己也摸得清脉络。

从性别上看，离婚咨询数量最多的是女性，向我咨询的客户百分之九十是女性，但是到承接案件的时候，男性的比例就提高了，毕竟男性不轻易咨询，一旦咨询了也不愿意比来比去。一般来讲，男性觉得合适了就立

刻签约，而女性很多时候都只是倾诉一下，回去之后要思考很久。

因此我在和男性客户面谈之前，都会化个很正式的妆容，随时做好签约准备。

从这个角度看，如果想代理婚姻案件，肯定要更了解女性，愿意多和女性打交道。

03 婚姻案件的特点是：基数大，咨询多，但成案率特别低

我每年付费咨询的客户数量有五百到六百，包括电话沟通的、见面聊的。但是我每年代理的诉讼案件才十几起，起草各种协议的几十起。虽然这有我本人爱挑拣案件的因素，但也能看出来，很多离婚咨询的客户，真的就只是"咨询一下"。

还有很多来访者当时只是情绪在线，比如发现老公出轨的第一时间，给律师打个电话，表示咱毕竟是咨询过律师的人，咱毕竟是动过离婚的念头的人，这样好显得有面子。

所以，如果想做婚姻咨询，而且打算免费咨询，那会被累死的。

我曾遇到一位实习律师，说要给我介绍个大客户。我说我不免费咨询，这位实习律师说，毕竟对方是大客户，张口就要咨询费不好意思。他就决定自己先提供免费咨询看看。

结果实习律师主动上门，客户还一聊就是八个小时，从客户家出来的时候，实习律师已经累垮了，但案子还是没有接下来。

因为成案率低，所以离婚咨询必须收费，主要也是因为收费能控制咨询的时间。而且我不去客户的地点谈案子，因为来回的在途时间，无法计算成本。

04　离婚律师一般都在本地执业，婚姻案件出差少

婚姻案件中，跨省请律师的少。

可以简单对比下，如果做拆迁业务、上市业务，可能常年在外地跑。听说有的律师拿个拉杆箱，周日从北京出发，一整个礼拜，从 A 市跑到 B 市，再直接从 B

市飞到 C 市，到周末才回到北京。这种工作状态在其他业务领域挺常见的。

而婚姻案件的当事人一般更愿意找本地律师，这样见面沟通起来方便。而且在当事人的心里，离婚官司也没有那么高深，标的额不大的话也犯不着从外地请律师过来，而且从外地请律师还要多花差旅费。

大城市的客户更愿意跨省请律师，主要是因为这些人大多是商务人士，更能接受飞来飞去的模式，而且对线上的沟通也很习惯。

中小城市的客户，相比之下就不爱从外地请律师，而是更喜欢找熟人和托关系。

所以，从出差频次这个角度来看，婚姻律师这个行业办理的主要是本地案件，出差的情况相对比较少，多数是可以同时照顾家庭的。

05　婚姻律师的收入

一线城市的婚姻案件，大多涉及房产，房产的价值一般起价就是几百万，多则上千万，收取几万、十几万甚至几十万的律师费不难。

如果案子做得好，有了知名度，在一线城市，实现年薪百万还是相对容易的。但是要想突破几百万，达到上千万的年收入，还是有难度的。

毕竟，很多大额家产的婚姻案件中，当事人都会认识一些企业律师，所以他们离婚的案子往往就顺便交给企业律师了。

比如名人离婚的案件，以及大的上市公司老板离婚的案件，这些当事人一般会先找和自己关系最好的经济律师沟通，再由这些律师给介绍一位婚姻律师，或者直接交给企业律师的团队，找团队里的其他律师操刀。

想接这种代理费用上百万的案件，着实不太容易，除非你的人脉关系质量比较好，比如名校毕业的，或者自己在知名企业家圈子里面人脉很广的，否则做婚姻案件的"天花板"还是很明显的。

总结一下，婚姻律师在一二线城市更好做，但也有"天花板"；在三四线城市做婚姻律师，就更要评估一下了。如果案件数量都不见得有多少，标的额又不大的话，达到年薪百万的水平就有些难了。

06　婚姻案件开庭的工作量小，沟通的工作量大

婚姻案件中，证据算最少的。一般情况下是十几份证据，多的时候二三十份证据也就够了。如果是刑事的案子、上市公司的案子，尤其是建筑工程领域的案子，律师常常要拉个拉杆箱开庭。

很多婚姻案子，到了开庭环节，其实都已经是最后一步了，大量的工作都是做在开庭前的。毕竟婚姻案件涉及的法条少，法官的自由裁量权大，所以提供证据、取证的工作量也少。婚姻案件中更多的工作是沟通。比如与当事人沟通，与法官沟通，与对方当事人沟通，与当事人的父母、子女沟通，甚至与婚姻中的第三者沟通。

我们接触的是活生生的人，而且是被巨大的情绪裹挟的人，他们更需要的往往不是律师给提供多少取证服务，甚至不是法律服务，而是在情感层面给予回应。比

如律师的安抚、支持、共情。

因此，谈案子的时候，律师只要能接得住当事人的情绪，站好了位，一般的案子都能接下来。当然了，能不能接下来是一回事，愿不愿意接是另一回事。

因此也可以说，婚姻律师要求有基本的共情能力、交流能力。如果对和人打交道没兴趣，对沟通完全提不起兴致，也就别干这个行当了。

有的人对其他人的事情完全提不起兴致，不好奇，这样的人特别不适合做婚姻律师，换作其他不太用和人交道的领域，会合适得多。

对人感兴趣，想帮助人，这是做好婚姻律师的第一步。

至于具体的方式方法，都可以慢慢学。只要想学，比如沟通技能、心理学知识等，都能学会。

尤其是心理学的很多知识，是婚姻律师非常需要的。绝大多数的客户咨询的时候，经常涉及情感话题，比如应不应该离婚、婚姻的问题到底出在哪里，等等，这里面情感倾诉的成分比法律咨询的成分大得多。

在一定意义上也可以说，客户倾诉的需求得到满足了，签单就是早晚的事了。

而且，在帮助别人的过程中，我们律师也在修炼自己。我们可以从客户身上看到自己的影子，也可以从不同的婚姻里看到自己的问题。

经常有人问我，是不是在办理案件的过程中，情绪、精力一直被耗费？

我的回答是：我没有觉得被消耗；相反，我是被治愈的。

我有机会看到每个人最真实的一面，看到很多人从来不敢在他人面前展示的灵魂，看到每个个体都在顽强地成长，借此也体会到我自己的价值。

当然，婚姻律师需要具备共情力，但也别过度共情。

有一回我接听一位律师的咨询电话，她给我讲了一个案件。大致是一个农村男生，因为给付女方高额彩礼，导致家庭生活非常困难，甚至不得不借高利贷。这位律师非常走心，她不只是办理案子负责，还看不了别人吃苦。

这样的律师办起案来就会非常累，他的过度共情会让自己很辛苦。

为什么不能过度共情呢？因为悲伤是会传染的。适当的共情是可以的，但是如果太走心，不仅无法更好地办案子，也会让自己以后不想从事这个职业。

我之前带过很多实习生，通过这些经历，我也慢慢总结出来哪种性格的人不太适合做婚姻律师。比如跟着客户一起哭的，甚至比人家哭得还凶的。再比如等客户一走，自己就开始怀疑，是不是自己的老公也在外面偷腥，从此不相信爱情的——这都属于不适合做婚姻律师的类型。

这样的性格，迟早会让自己难过死，最后还会把咨询者都撵走了。

我妈就是这样的人，她听不了悲伤的事情。但凡我给她讲一个什么案例，她的情绪就非常激动，非要用自己的价值观站位，严厉指责不道德的一方，开启各种道德审判，甚至还替人家上火，替人家伤心。

从某种程度上讲，过度操心别人的事是太自恋的表现，太拿自己当回事儿。人家用得着你上火，用得着你评判吗？先过好自己的日子再说。

所以我才说，共情是必需的，但要适度。

有助理问我：于律师，在做咨询的时候，当事人都哭成那样了，你为什么不跟着哭？我回答的是，因为我的悲伤已经被治愈了，我已经不会被当事人的情绪裹挟了。我可以大大方方地陪着他们，讨论他们的悲伤了。

和悲伤被治愈不同，回避、掩盖悲伤的人是无法谈论他人的悲伤的。有很多看似冰冷、冷漠的律师，都是回避、掩盖悲伤的人，他们不愿意讨论自己的悲伤和脆弱，是因为他们不敢。

是否治愈了自己的悲伤有两个判断标准：第一是能否大大方方地谈论自己的悲伤，第二是能否陪着别人谈论他们的悲伤。

当然，不是说所有人都要自己先被治愈，才有资格当婚姻律师、当咨询师的。我们完全可以在治愈他人的过程中找到治愈自己的方法和能量。

07　以往婚姻律师的专业化差比较小，近几年才开始越来越专业化

直到今天，也还是有很多当事人，甚至律师自身也认为，婚姻案件没什么技术含量，是个律师就能办理婚姻案件。有些身家几千万的人，也不愿意花几万的律师费，因为他们觉得就那么点儿小事儿，自己也可以办。

当然，很多当事人有这种想法，还有另一个因素，那就是他们总觉得律师是外人，与其把这个钱给律师，还不如在自己和对方之间分掉。直到面对以下现实，才决定花律师费——如果自己和对方谈判，那就是零和游戏，人家可能要1，自己只能得到0。这时候才决定，还是给律师一点点吧。

因为当事人有这样的心理因素，所以离婚的人虽然多，但请律师的却相对比较少。

最要命的还不是当事人认为离婚这种事不值得请个律师，而是律师自身也认为，离婚这个领域没啥好做的，没啥技术含量。

甚至有人说，离婚律师的工作上不了台面。

日本有部纪录片叫《寿司之神》，讲的是做寿司的二郎的经历。在刚从业的时候，前辈对二郎说，寿司是日本古老的食物，已经没有什么可提升的空间了。二郎却说任何饮食都有越做越完美的可能。后来，他一生只做了这一件事，成为当之无愧的"寿司之神"。

二郎做的寿司看着很简单，好像没费什么工夫，但各地美食家吃完都赞不绝口。他们赞叹，如此简单的食物，味道竟有这样的深度！用一句话形容就是：因极简而纯粹。

二郎的店里，没有清酒和小菜，只有寿司，十五分钟就吃完了，人均消费最低 3 万日元，要至少提前一个月预约，但客人吃过了，都觉得值这个价钱。

拍纪录片那一年，二郎已经八十多岁了，还是每天来店里试吃，他对寿司的要求是：一定要比上一次更好吃。我也是对自己有要求的人，我要求：案件一定要比上一个办得更好；咨询一定要比上一次更让客户满意。

二郎的故事还让我想到，刚开始做婚姻案件的时候，也有人对我说这样的话：婚姻案件是个律师就能做，没有什么可提升的空间。我自己却觉得，我每年都在进步，我办理案件的水平每年都在提高。

我把谈判学、心理学、投资学等领域的知识不断引入婚姻案件领域后，客户的满意程度越来越高。我代理过的客户，购买过我的服务，都觉得值这个价钱。包括咨询的客户，一开始他们可能觉得咨询费贵，但打过电话的都觉得值这个价钱。

而且，我依然相信，我未来还有很长很长的路要走，我可以在这个细分行业里，不断提高自己。

《寿司之神》里的二郎说，我干了七十五年，也该退了，我的孩子们只要坚持下去，余生只做同一件事情就行。这没什么神秘，我们就是单纯地每天重复一件事情。

干我们这一行的，只要努力，每天都会有进步，但再往上，是需要一些天赋的。比如做寿司的人的嗅觉和味觉。而普通人，如果从事了厨师这个行业，也不需要有过于明显的天赋，只要不断提高就行，一般是碰不到"天花板"的。

律师也是一样，如果想突破"天花板"，那是需要点明显的天赋的。但如果只想做到年薪百万级别的，只需要坚持一直做就好了。

二郎还说：你一旦选择了职业道路，就要全身心地投入其中。你要热爱自己的工作，不要有怨言。你要穷尽一生，磨炼自己的技能。这就是成功的秘诀，也是赢得别人敬重的关键。

做婚姻律师也是这样，如果你坚持只做这一件事，也一定能在这个领域取得成功。所以，只要我们尊重婚姻律师这个行业，尊重自己的职业，不断提升专业水准，就会越做越好，形成正向循环。

总结一下前面说的：婚姻案件客户呈现出年轻化、大城市化、本地化的特点。这给我们的启示是：如果以代理婚姻案件为主业，要考虑自己所在的城市，最好是在大城市做专业程度高的律师。婚姻律师的经济收入，维持小康水平没问题，想要达到更高的收入水平，"天花板"效应就会比较明显。从性格上看,最好是对人有兴趣,对沟通有兴趣。而且做婚姻律师,心理学基础是必要的。同时,也希望我们的内心可以更强大一点,不要被接触到的负面情绪所吞噬。

第二章
如何选择自己的专业方向

01 安全感：我之所以不敢做任何决定，是因为我没有安全感

前几天，一位律师找我咨询，说她自己也喜欢婚姻领域，但是放不下原来的业务；同时还担心万一收入缩水，老公有可能不像以前那么爱她，她的家庭地位有可能不稳固。所以她根本无法下决心去专心选择一个方向。

由此可以看出，这位律师两个方面的安全感都非常不足：不仅是金钱方面的，还有情感方面的。

那么，什么是安全感？安全感就是安全的感觉，反过来说，就是没有危险的感觉。

为什么很多人不敢做提成律师，不敢选择任何专业方向？是因为害怕危险的感觉出现。比如，疫情来了，有的人就很没有安全感。怕什么呢？怕收入缩水。光是收入缩水有那么可怕吗？就算收入少了，我们也饿不死吧。即使收入少了，降低了生活水准，我们也是可以度日的。可是在很多人的想象中并不是这样的，他们总是认为只要收入一减少，就会吃不饱、穿不暖。其实，很多时候这都是儿时父母因为物质匮乏传递给我们恐惧。

在金钱方面安全感不足的人，可能选择一些有稳定收入的工作。有时甚至宁可忍受难受至极的工作，也不敢有变动，这样才不用担心收入降低带来的恐慌。

如果缺乏这方面的安全感，也就根本谈不上换工作了。如果试一下，换工作期间就算向父母请求支援，或者向朋友请求支援，也能度过三四个月甚至半年的时间。这段时间，是有可能找到自己喜欢的工作的。

关键是想象中的恐惧，比实际的挑战严重多了。

情感方面安全感不足的人，不论面对多差的婚姻可能都不敢离开，甚至没必要维持的婚姻他们也极力挽回。因为在他们的想象中，一旦没有了婚姻，余生就没有人"要"了。但是，如果真敢尝试，走出这段婚姻，也还是有机会发现自己的闪光点的。有时候，找对象就像途经的路灯，过了这个路灯，还有下个路灯。

生活中，不同的人在这两方面的安全感的强弱程度不同。有的人是金钱方面的安全感强，敢创业，但不敢离婚。有的人是情感方面的安全感强，敢离婚，但不敢跳槽。

当然了，也有的人两方面的安全感都不足。

比如前面提到的那位女律师，如果选择一个专业领域，不至于饿死，收入减少也只是短期的事情。但在她的想象中，想维持原来的收入水平，就很难。在这种情况下，她其实有两种办法来解决这个问题：第一，短期内降低原来的生活水平；第二，什么都不做，也不去选择。

安全感不足的问题是底层的，这个问题不解决，就根本上升不到自由发展的程度。也就是根本考虑不到自己喜欢什么、适合什么，因为心里想的都是"我要维持原来的稳定"。

那么，如何提高安全感呢？我的建议是，可以小小地去试一下。一点点地去尝试，可能发现其实没那么可怕，有些困难也可以克服，那就好了。

比如很多女性在家庭中并不幸福，为啥不离婚呢？怕离开了老公生活无法自理，因为以前的生活很依赖老公的安排。这样的，可以试着分居一个月，到时有可能发现很多家政服务公司都可以解决生活的细节问题，这样安全感就找回来了。

金钱方面也是一样，如果真的留足了一个月两个月的备用金，先不辞职，只是请个长假试试，就会发现降低一点生活水平也没啥，反而可以好好选择下一份工作；也会发现即使收入少一点点儿，也没那么可怕。

很多人总想先找到一条适合自己的路，再断了原来的路。所谓的迷茫，其实就是沉浸在自己的小恐惧里，不敢走入大环境。幻想着先有了方向，再走出来。

实际上，顺序反了。

新方向的确定，绝不是思考出来的，不是没事儿的时候想想就可以的。人先走出旧环境，再走进新环境，新环境才能给你熏陶和浸泡，让你重新整合，继而形成新思路。这个过程无法通过单纯的思考来完成。

你会经历混乱、痛苦，或者更加迷茫、自责、恐惧。但是，混乱就是改变的必经之路，混乱是改变的一部分。

因此，改变的路线是：走出旧环境—恐惧—不断接受新刺激—混乱—整合—形成新环境。

没有勇气改变的人就成了这样：恐惧—先找到新的环境—再走出旧的环境。不愿意走入混乱，也就没有办法形成新的环境。

02　自由

当一个人的安全感被满足的时候，就有了再度满足自己的冲动，就会开始问自己：我可以做想做的事情吗？比如，有的人因为安全感而结婚，安全感得到满足后，自由的需求就出来了：我也需要空间，你能不能别管我。比如"嫌弃"自己的父母，就是因为你不担心他们离开你。但在单位你不敢和领导这样说，因为你的安全感没有得到满足，还不敢想自由。

一个人任性，很多时候是因为他相信当下的关系是安全的，所以才敢表现出情绪自由。如果你觉得一发脾气，对方会立刻从你眼前消失，那你就不敢随便了。所以，能够在关系里发脾气的人，是因为对关系很有安全感：要么一点儿也不怕失去对方，要么认为不会失去对方。

当你开始纠结要不要换一份工作的时候，可以先欣赏一下自己：因为你内心已经获得了一部分安全感，你都开始追求自由了。

有些中年人不敢考虑换工作，是因为上有老下有小。

那什么是自由呢？当你身心一致的时候，你就是自由的。比如有人被关在监狱，他是自由的吗？你看弗兰克，他被纳粹关进监狱，虽然他的身体不自由，但纳粹没有办法强迫他的思想，他把精力放在创作上，写了一本叫作《活出意义来》的书。

自由不以你的身体在哪里为准，而是看你身心在不在一起，如果你放弃挣扎，接受了你的命运，你就自由了。比如电影《肖申克的救赎》中，肖申克让自己接受现实，他就开始自由了。

如果给你一片青青草原，你心里想的却是沙漠，那你依然是不自由的。

所以，如果接受了自己正在从事的行业，不纠结，开始享受、投入，那你就是自由的。当你在做某一件事情，你的大脑中却有另一个声音说，我不想做，一点儿都不想做。但你又不放弃，那你就是不自由的。

如果你心里想选择自己喜欢的行业，行动上却永远不去做，那你就永远是不自由的。也就是说，不拧巴不撕扯，你就是自由的。

自主就是，自己是自己的主人。实现自主的方法之一，就是懂得什么时候要休息，什么时候要坚持。如果总是纠结、分裂、内耗，就会很累。

又有人说，我老公不让我换工作，我父母不让我换工作，总之我丧失了自由是因为别人的强迫。

别人的强迫是怎么让你失去自由的？人在工作和

生活中被强迫是正常的，人与人之间的交集越多，相互之间的影响也就越大。活在世界上，你会强迫别人，别人也会强迫你。领导让你做不喜欢的工作，要么你表达自己的不喜欢，要么你想办法调去新的部门，要么就辞职、离开。事实上，你的规则是：我是不该和领导有冲突的。现在影响你自由的，是你的不反抗、不反驳、不解释。在什么都不做的基础上，你才失去了自由。

可能你不敢说的原因是怕领导把你辞了，你内在的想法是不能失去工作。

所以，到底是什么让你失去自由了？两个原因：一个是不能和领导有冲突，另一个是不能失去工作。

一样的道理，不敢和配偶争取自己的权利，原因也无外乎两个：一个是不能失去配偶，另一个是不能和他有冲突。

所以说，强迫你的从来不是你的领导、你的配偶，而是你给自己定的规则。

如果在一个人的经历中，自己的想法过多地受挫，就会觉得有想法也没有用，时间长了，就只剩下应不应该做，而不是想不想做了。所以，应该多去思考自己的规则在如何强迫自己，而不是别人如何强迫自己。

03　价值感

当一个人的内心体验过自由后，就有了冲动。价值感是做事情的动力，是"我能够"的内在表达。

比如吃自助餐前，你会想想：我吃得动吗？开车前，你会想想：我能开好吗？

你要相信你的能力，要相信你极有可能做到。

你留在一个单位里，是因为你相信你能在这里赚到钱，你肯定是有能力的，相信自己能做好，才会有价值感。

其实生活中是经常充满价值感的，只是大部分时候我们很难意识到这种价值感。但有小部分时候，我们被打击了，信念坍塌了，就意识到没有价值感了。就像我们吃饱了的时候，很少意识到自己吃饱了；我们更多地意识到的，是饿的感觉和没有价值感，以及信念坍塌的感觉。

所以我们只是在某些时候体验到了自己的价值感低，但价值感低的状态并不是永远的。

反过来说，当一个人不相信自己能做某件事的时候，事实上他根本就不会开始做这件事。

很多人还会建立虚假的价值感。

比如，我很在意别人的看法，他说我不好，我就是不好的。

因为无法确认自己是好的，如果你不觉得我是好的，那我就不觉得自己是好的。只有你也同意我是好的，我才觉得自己是好的。

缺乏价值感的人，即使别人对他表示认同，他也会不信。别人说他不好，他就觉得是自己不好；别人说他好，那就是在客套。所以，要依赖别人评价才能感到自己不差的时候，就是价值感低。

事实上，真正有价值感的人，往往认为自己的好与不好，不靠别人来定义。别人的定义只是他的个人观点，这对我来说根本没什么关系。如果你夸我夸得过头了，我也不会很开心；如果你说我差，我自己的水平我自己知道，几斤几两我心里有数，我不依你的评价改变我对自己的认知。这是建立在对自己的水平很了解的基础上的，是根据自己真实的水平和平均社会反馈来决定的。

再如，价值感低的人，容易自我嫌弃：事情没做好，就是因为我自己不好。

生活中的成功失败是常事。比如有人买了很多课，听不完就怪自己不好。但有的人会觉得这证明我好学啊，平时我可能听不完，但我一有时间，或者有需要的时候还是会听的，我只是先放在那里而已。

这些人甚至认为不按时起床也是自己不好的表现；迟到、熬夜都是自己不好；但凡一点小事没做好，就觉得是自己不好。离婚了就觉得自己很失败，有人就是不敢面对这种失败。

有价值感的人往往是另一番场景：今天起不来是因为没有必要起那么早；一段让我不幸福的婚姻，我敢结束，这不是代表我很有勇气吗？更不必以结婚几次、离婚几次来定义自己。

不以某件事情的成败来定义自己的人，才是有价值感的人。

价值感低的人，还特别容易自责，他们往往认为，一切都是由于自己不好造成的。

讨好型人格的人，特别害怕别人不开心；反过来，别人开心，却不觉得是因为自己。

别人不理我，不关心我，都是因为我不好。比如，人家老公总给老婆打电话，我老公不给我打电话，那就是我不好。

有个人在某方面比我优秀，那我就是不优秀的；甚至和家人也比来比去，结果还是觉得自己不好。要是一直这么比，根本比不过来。事实是，每个人擅长的领域不同啊。有人擅长打球，有人擅长唱歌，有人擅长跳舞。别人比我优秀，并不能说明我就不够好。

价值感高的人，往往认为我的好与不好，不以其他人的好与不好为转移。我也知道我有的地方不太好，但我本质依然是好的，不会因为在某一方面比别人差一点点，就觉得自己哪都不好。和朋友比，虽然她也许比我高，比我漂亮，但我们之间是平等的。我们好的地方不一样，而且我们都有各自的闪光点。这样才能做到不卑不亢、不骄不躁，平等地和人交往。

还有人把标准设置得太高：别人都能得第一名，我为什么不能？别的律师都能年收入一千万，我为什么不能？这么想的结果就只能是不断地否定自己。

你看看，是不是习惯性地给自己设定一个过高的目标了？或者说，如果给自己更长的时间来完成这个目标，是不是就相对容易了？

你定义的好的标准到底是什么？有几个人能够做到？比如年收入百万吧，其实能做到这样的律师还是少数的。你可以再想想，是不是给自己定的标准太苛刻了，或者时间规划方面太苛刻了。

所以，价值感就是，相信自己有干某件事的能力。

当你拥有了以上三项——安全感、自由和价值感后，就很容易选择行业和具体的方向了。

你不会怕选择了一个专业领域，短期内会饿死；你身心一致地去选择，不拧巴、不纠结，不受别人强迫；你相信自己有能力干这个行业。然后，你就发展出意义感了。

什么是意义感？就是和世界做连接，和人做连接，和事情做连接，享受这个连接的过程。

所有的享受，都是基于热爱，不一定计较回报。比如当你抚摸一只猫时，不是因为它会给你什么结果；当你爱一个人时，不一定期待这样的举动有什么回报；当你爱一项工作时，在做这份工作的过程中，会体验到心流的感觉，忘记了时间和全世界。

这就是意义感。

说完了这些，我们是不是可以突破束缚，找到安全感，找到自由和价值，进而找到能让我们享受生命意义的执业方向呢？

第三章
婚姻咨询怎么做

很多客户实际上并不想离婚，为什么还来咨询律师？

在我一年接待的五六百位客户里，咨询的过程中就离婚了的，连百分之二三十都不到。当然，也有很多客户是好几年以后离婚的，这些没法计入统计数据。

我在提供咨询的时候就可以感受到，很多人从一开始咨询就没打算离婚。你可能疑惑，既然没打算离婚，为什么还要找律师？

总结一下，原因大致有四个。

01　不好意思找咨询师

这些人怕找了咨询师，就证明是自己有心理疾病。

中国人对心理咨询这个行业，多多少少还是有些排斥的。大家经常用的词还是心理医生，其实心理咨询师和心理医生是有差别的。

心理医生，那是要有医学背景的。中国真正专业的心理医生其实不多，真正走到大家生活里的更少。

但是做心理咨询师，现在连考试都不需要了。前几年还有个咨询师证书考试，二级三级什么的，现在也取消了。

在中国人的观念中，建议一个人看心理咨询师，好像就是要证明这个人的心理有点问题。

人分两种。第一种人知道自己有心病，这样的人，令人敬佩。因为从心理健康的角度来讲，每个人多多少少都有点病，就像从身体健康的角度说，每个人多多少少也都有点病一样。所以知道自己有心病的人，是勇敢的人。

第二种人不知道自己有病，这样的人，也令人敬佩，因为无知者无畏。这样，在婚姻里，但凡有点矛盾，就可以推卸为对方"有病"。

所以，在西方，如果夫妻二人都有心理学常识，在面临严重的婚姻矛盾时，往往会说，咱们去找个咨询师吧，修复一下关系。

但是，在中国，一般的夫妻可不会这么说。就算一方对另一方说，咱们去看心理咨询师吧，咱们的婚姻出了点问题。对方通常也会说，我没病啊，要看你自己去看吧。还有的夫妻到了咨询师那里，其中一方提出的咨询目标，就是改变另一方。

当然，还有更多的夫妻连咨询的意识都没有。

的确，在大部分人的观念里，最接受不了的就是"我有病"。似乎但凡我自己的心理有点问题，就证明我是不好的，我整个人都是不好的。

还有很多人觉得这钱花得不值得。很多人想，咨询师能干啥啊，无非就是听我说说话和跟我说说话。而且，说话居然也要付费、吐槽居然还要付费？我不能找朋友、找父母说吗？干嘛非要找咨询师啊？

不少女孩子面临婚姻危机的第一反应，往往是告诉自己的妈妈。妈妈的反应，多数是以下两种。一种是，妈妈说："人是你自己找的，婚是你自己要结的，哭着也要把这杯水喝完。"另一种是，妈妈超级心疼孩子，会立刻冲上去和对方理论，搞得原本不大的事情后来无法收场。

那种能好好陪伴子女度过这段时期、不过度插手子女事务的妈妈很少，毕竟妈妈们也不是学心理学的。

还有的女孩子，婚姻出问题的第一时间选择向闺蜜诉说，闺蜜一般也有两种反应。一种是开导："唉，家家有本难念的经，你知道吗，咱们班的谁谁，还没有你过得好呢。"这种做法，压抑了悲伤，搞得哭诉的人觉得自己似乎是小题大做，事实上自己真没那么惨。但是如果不惨，我为什么还是难受呢？另一种是："他还要不要点脸！这事都能做得出来！离！坚决跟他离啊！这日子还有法过吗？你呀就是太窝囊。"闺蜜的无厘头建议，也让哭诉者不敢往下想，本来是不想离婚的，只想吐个槽，让她这一说，不离婚似乎就是我怂了。

毕竟，大部分普通人没有受过训练，是无法在真正意义上给别人"治病"的。

所以通常来讲，找妈妈、找闺蜜倾诉，总是让倾诉的人觉得，越诉说，越孤独；越诉说，越无助。甚至想到了妈妈和闺蜜的反应后，就不想说了，也不敢说了。

同时，对她们而言，找咨询师还会面临什么困境呢？

主要是担心钱的问题，同时也为了有面子。

很多人不知道咨询师的收费标准，在大家的想象中估计便宜不了，上千元一小时。要是咨询个十次八次，就要上万元，都听人家说，找咨询师一次两次的没有用，去的次数多了还要花不少钱，算了吧。所以，咱就找律师，一次就解决全部法律问题，先保住自己的财产要紧，顺便还能做心理按摩。而且，这样也显得咱们没有"病"。再说了，找律师，听着多硬气啊。像电视里演的那样：你要谈，找我的律师！

所以，很多本来该去找咨询师的人，找到了律师这里。

02　找律师的女人，是在自尊心上需要律师

在我接听的电话咨询里，一多半的女人讲述了同样

的故事，大多是：于律师，我被出轨了，我多么愤怒，对他多么失望。但描述完，我会明显感觉到，这个女人，还是需要这个男人。要么是金钱上需要，要么是情感上需要，要么就是养孩子方面需要。总之，她不是不想离婚，而是没办法、没能力离婚。

但她心里想的是：我毕竟是动了离婚的念头了，你们都别小瞧我了，我真和律师讨论过离婚这件事情。

只是呢，律师给我一分析，我才发现现在对我来讲不是离婚最好的时机，我需要徐徐图之，慢慢把财产安顿好。连律师都不建议我现在离呢，我当然要继续过下去了。只是从今天开始我也不太一样了，"起码我也是咨询过律师的人了"。

这句话说起来，比"起码我是找过咨询师的人呢"，要硬气多了。

那么，为什么咨询了律师这件事对一个人的自尊这么重要？

人在被出轨、被抛弃、被嫌弃的情况下，都有一系列的心理需要，那就是：被重视、被帮助、被支持、被陪伴。

而一个学过心理学的律师，是可以适当提供这些情绪价值的。

先说被重视、被帮助。毕竟律师是服务者，我们重视客户的财产需求，从站位上，我们竭尽全力保护客户的个人财产。有的客户心里明明有保护财产的需求，却不好意思张口，觉得谈钱伤感情，但律师可以帮他说。我们可以直白地提出帮助他们保护财产利益，说出一些人心底的愿望。

这从情绪上讲首先就是一种被重视，同时还有被帮助。

再说被陪伴、被支持。人在打算离婚、被动离婚的时候，最大的问题往往是情绪问题。很多人靠自己的力量已经无法在第一时间化解那种压力，他们很需要别人。

这时候如果给律师打电话，起码律师能陪着自己，允许自己哭泣，听自己说说这些烦恼。要知道，不带评价的倾听本身就是一种治愈。

前几天，一个听过我课程的学员加我微信。他是一位警察，他甚至还没来得及找律师，就自己上法庭把婚离了。再后来，我去找他办事的时候，他就把自己为什么要加一位律师的微信的过程描述了一下。

他说，本来他是想加位律师留着咨询的，当时的他，不想和哥们儿说自己的事情，怕被评论，又怕吐槽给朋友带来压力，人家都有自己的生活，总打扰人家也不合适。

而且他还担心，一旦说给熟人，说不定会被传出去，然后就给人留下不好的印象了，那样自己的脆弱反而成了人家的笑柄。人家听完也许会说："看吧，这个人原来装得人模人样的，结果落到如此下场。"

但是大家知道吗，由于从来没有诉说过，没被人倾听过，导致他的创伤还是没有被治愈，距离他自己去开庭都两年了，他的伤痛还是没有化解。后来，他重新给我讲了一遍，我也好好地听了一遍。我引导他用语言描述了头脑（右脑）里不舒服的那些感觉，把很多记忆碎片拼接了起来，化解了他淤堵的情绪。其实律师有时候真不用做太多，光是好好倾听就可以起到不小的作用了。

另外，对律师这个职业而言，支持来访者也很重要。

比如，我的一位来访者，真的是太想找个人吐槽一下他的岳母了。其实他和老婆的关系还可以，只是一直处理不好和岳母的关系，岳母每次都拉着他老婆一起排挤他。这些故事，他太需要讲出来了，他也需要一个人支持他的决定，认可离婚这事不是因为他有问题，的确是他岳母也有问题。

咨询中，我们律师一般会支持他们离婚的决定，哪怕最后他们并没有真的离婚。要知道，除了律师会支持他们的决定，他们身边的其他人可能都不会支持。

当人在想被支持的时候，其实要的就是那股劲儿，就是情绪上被认同了的那种感觉。今天被支持了，哪怕事后反悔了，也没事，起码当时在心理上，他曾经是有队友的。

当你明白了这一切，就会发现当事人找我们律师真的不一定是为了解决法律问题。你到底有没有解答他们的法律问题，回答的是不是正确，以及他们到底有没有听进去，这些都不是最重要的。

重要的是，他们情绪上的感受好不好。

当一个人面临重大的事件，首先需要的就是情感上的安抚。举个例子，一个孩子摔倒了，第一时间需要的是妈妈抱抱，需要妈妈听他讲，自己是如何不小心、如何摔倒、如何疼。这个时候，如果妈妈不抱他、不哄他，却在他哭的时候讲道理，说下次你不要这样走路，很容易摔倒，孩子是听不进去的。

这和人脑的结构有关，想要和他人连接，先要用非语言的方式，比如表情、语言、语气等连接右脑（右脑负责情感）。等安抚了情绪，再用语言的方式链接左脑（左脑负责逻辑、语言），他人才有可能听得进去道理。

这样的沟通方法，在面谈中的作用尤为明显。就是律师先用肯定的眼神、前倾的身体姿势、理解的表情、点头的动作等表示和来访者的链接。等来访者的情绪缓解后，再讨论法律问题。

看到这里，大家可能想，那咱律师岂不是和心理咨询师很像了？当然了，想要和人建立关系，包括想让当事人对咨询满意、进一步签约等，不学习咨询师的技巧是行不通的。

有位律师咨询我：于律师，有的当事人啊明明说好了是来找律师要建议的，但每次我们给出建议，他就东绕西绕不想做，我好着急啊。

这位律师同行也有自己的执念，她觉得律师是要改变他人的，似乎只要她的方案符合法律规定，理性而正确，人家就要采纳。

但实际上，很多时候律师没有那么大的作用，我们也要放弃对自己行业的"自恋"。想改变的人在来找你的路上，已经改变了一半，不想改变的人听了多少建议都不会改变。

同理，也有很多人认为心理咨询是用来改变人的思想的。

有一次，在我参加的心理咨询的工作坊，一个同学问老师：老师，我自己是个教育工作者，我教的一个学生有严重的心理问题，我总觉得再这样下去就会出事，我建议他来看心理咨询师，但是他就是觉得自己没问题。老师，你说我该怎么劝这个学生呢？

老师停了一会儿，说，如果 A 觉得 B 心理有问题，觉得 B 该看心理咨询师，那实际上该看心理咨询师的是 A。因为只有 A 痛苦了，B 并不想改变，因为 B 不觉得自己痛苦。这跟看病一个道理，谁觉得痛苦，谁就应该去看医生，如果你的学生觉得自己没有痛苦，就不必看医生。因此该看心理咨询师的人，是 A 啊。

作为律师，如果我们也想改变客户，那实际上，该改变的就是我们自己。

工作坊中，我们的心理咨询老师最后又补充了一句："我们做心理咨询行业的，不是改变人的，我们是陪伴人的。我们陪着他一起悲伤和痛苦，我们引导他说出自己的脆弱和悲伤，这就会让他好很多，我们是无法阻止、改变他的悲伤的。悲伤的人只有通过诉说和被陪伴，才能被治愈。"

同理，律师也是一样，别试图就靠几个建议来治愈当事人的悲伤，其实陪伴远比建议更重要。

你一旦有了阻止客户继续犯傻，以及改变客户的想法，就会有无限的无力感。

归根结底，其实陪伴、倾听、理解和给客户提供情绪价值，也许才是客户来咨询的目的，尤其是那些还不想离婚的客户的真实目的。

了解了客户的真实需求，不仅能提供更多的咨询，还能非常容易地达到签约的目的。因为化解了客户淤堵的情绪后，你就是他的"自己人"了。

03　不想离婚还找律师，是逃避，是想让律师代替自己做事

有不少客户，自己再也不想面对他的配偶，不但在财产分割的时候不想面对，甚至连和配偶多说一句话都觉得恐惧。

因为这样的客户太害怕冲突了，冲突对他们来讲，会唤起童年的伤痛。不论今天他们在社会上作为成年人多么光鲜体面。但冲突，尤其是家庭冲突，会把他们一下子打回原形，让他们变成那个马上要被父母打的小男孩小女孩，恐惧的感受让他们一点力量都没有。

对他们来讲，发生冲突意味着自己不好，对方的指责、辱骂，让他们觉得马上要面临很多的危险：也许是被打，也许是被损害名誉。

总之，日常生活中，逃避冲突是他们一贯的做法。他们不会有别的处理方式，比如骂回去，比如硬刚，比如报复，这些做法他们不熟悉。

这样的客户，给律师打电话时经常说，他的事情要全权授权给律师，他连出庭也不想去，甚至连律师问他财产怎么分割，他都不想思考，意思是"最好别让我和这个人再有一点点联系"。

关键是，律师真能帮客户面对一切冲突吗？绝对不可能的。律师顶多能在法庭上帮客户分担压力，减少冲突。注意，是分担和减少，因为离婚案件的特殊性，法律要求当事人本人必须参加庭审，只要自己去了，庭审现场对方说了什么刺激的话，当事人还是要承受的。所以，找律师的意义不是逃避冲突，冲突是早晚要面对的，找律师的核心意义在于增强勇气：有一个人能支持、鼓励自己，陪伴自己一起面对冲突。

面对这样的客户，我会说什么呢？我经常讲，你光活在恐惧中肯定是没用的，你的担忧解决不了任何问题。比如说，你每天晚上都要花上一段时间，担心他来闹，或者担心离婚的时候吵架，这样的担心所耗费的时间，到底能帮助你什么呢？什么都帮不上。

所以，面对这样的客户，我会反复追问：你恐惧的细节到底是怎样的？

很多人的恐惧是碎片的、模糊的东西，所以才那么害怕，但当他开始描述害怕的情景和细节的时候，就会发现其实也没有那么可怕。

然后我又问了一句话："为了克服你的恐惧，你应该说点什么，做点什么呢？"

这是一个启发性的问题，每个人都可以通过这个问题知道为自己的恐惧负责的办法。

单纯的担心的确什么用都没有，把担心具体化之后再拿出策略，这才是办法。

比如，担心他动手，就准备好及时报警，或者搬出去住，提前分居；担心他拿走东西，就提前把财产转移到安全的地方；担心言语冲突，可以拉黑他的微信、不接他的电话；担心他来单位闹，就和前台提前打好招呼，不让他进门。

以上是为了克服恐惧做点什么的部分，但是为了克服恐惧说点什么的部分更重要，这才是精华。比如有的人担心自己沟通的时候，配偶情绪特别激动，那就从如何化解配偶情绪的角度来理解配偶，考虑他到底听到什么话才能在情绪上好一些。

使用这个方法的时候，主要靠转换角色。一般情况下，我会让客户短暂地站在配偶的角度思考问题：假设自己是配偶，到底想听到点什么话呢？

这是为了克服恐惧做点什么和说点什么，也是在做充分的准备。但是事实上，大部分恐惧最后都不见得发生，我们可以试着记录自己最担心的事情，把它们放在一个小盒子里，每间隔一段时间就拿出来看看。看一下前面担心的事情，到底发生了几件。经过事实的检验，会发现这些事情发生的概率极低，所以大部分的恐惧都是潜意识的恐惧，现实层面真不见得有那么多的危险。

面对这类当事人，我们当律师的，还必须给当事人讲清楚他们自己的责任和我们双方的分工，这样才能把委托关系理顺，才能作为一个团队共同作战。

有的当事人就是坚决不敢应战，比如自己不去谈，委托律师给对方打电话，这样的委托我也就不接了。原因非常简单，我们面对对方客户的时候，往往是要吃闭门羹的。比如打电话，人家接一下就挂断了；比如去单位找人家，人家干脆不下楼……这样的事情我早年遇到很多。而这样的服务该怎么收费呢？尤其是在客户不起诉的情况下，甚至都无法报价。可能律师也花费了在途时间，也做好了挨骂的准备，结果竟然没有得到挨骂的机会。这样的服务结果，如果我们收了律师费用，客户也不会满意的。

所以，没有胆量自己面对婚姻纠纷的人，仅仅能成为我们的咨询客户，很难成为代理诉讼的客户。

04　因为安全感较低，提前咨询律师

这种客户主要有两类。

第一类是独立精英女性，她们挣钱的能力相比对方较强，又抹不开面子跟对方签订婚前协议。她们来找律师，给自己增加勇气，并且倾向于让律师出具专门的协议。

对这样的客户，的确要给予鼓励。她们要保护自己的财产，真的无可厚非，如果遇到明事理的男方，也许女方还没有提出写协议，男方就主动提了。正常情况下，这样的女性担心男方会拒绝签署婚前协议，事实证明，很多时候这种担心是多余的，因为女方根本没有和男方真诚地沟通过这个问题。

我会教她们一个方法，就是问对方："如果我跟你签订婚前协议，你会生气吗？"对方如果说不会生气，那就不必思前想后了。对方如果说会生气，女方可以接着问："那么我做点什么，你能不生气呢？"这个问题的意思是，协议我照样要签，但是我可以为了照顾你的感

受，在其他方面给你点情绪价值。

这时候如果男方也提出一个互换的条件，这不就皆大欢喜了吗，犯不上因为能不能签协议而影响感情，进而纠结个半死。

当然了，大家看我说得简单，其实我也是这样的女人。曾经，我因为和前男友签不签婚前的购房协议而纠结了大半年。

第二类是嫁给二婚老公的女性。二婚老公年龄大，和前妻有孩子，又受过第一次婚姻的伤，在财产方面处处防着自己。

这样的女性非常在意自己和老公的孩子、老公和前妻的孩子的继承权。她们经常希望现在就能让老公写个遗嘱，但是男方肯定不愿意啊。男方一般会想，毕竟自己年纪轻轻，离去世还远着呢，写遗嘱多不吉利啊。

我也会跟女方解释，遗嘱这个东西，要以最后立的那份为主。你今天逼着他写了一个，但是他如果背地里再重新写一份，你是毫无办法的。所以立遗嘱这件事还是要看他自己的意愿。他如果觉得你们的感情稳定，自己想要平衡地照顾到他和前妻的孩子和现在的孩子，他就会在临终前安排的，你要相信他。作为老婆，你顶多是提醒一下，让他提前考虑遗产分割问题，但你绝对无法逼迫他。因为这毕竟是他自己的财产，任何人对自己死亡之后财产的归属都是有决定权的。

如果这些女性真的太担心男方不给自己的孩子留财产，我会建议她们签署这样的夫妻财产约定，就是直接和男方之间划分清楚：哪些是自己的，哪些是男方的，然后立遗嘱把自己的财产留给孩子。只是在两个人感情还不错的情况下就谈论这个，会造成二人之间的隔阂。

在我看来，什么都不用写，把日子过好，把家庭财产的蛋糕做大，让自己先有钱，以保证离婚时能多分点财产，这样比什么都安全。

同时也可以未雨绸缪，就是在自己的孩子名下置办点不动产，只是未成年人不能贷款，那就全款买房。既然这么没有安全感，干脆在家庭关系稳定的时候多做打算，别等到发生变故之后再和他原来的孩子去争。

说起安全感，我想起了这样一句话。

保罗·G. 在《安全感》一书里写道：

"一只站在树上的鸟，从来不会害怕树枝断裂，因为它相信的不是树枝，而是自己的翅膀。"

换句话说，安全感都是自己给自己的，依靠别人得到的安全感终究是难以稳定的，是不可持续的。

第一节　如何帮客户判断是否该离婚

很多客户都问过我这个问题：于律师，我到底该不该离婚？我从来不直接给建议，而是先让客户考虑，婚姻的诸多价值中，他还需要哪几个。这些价值，是否能在婚姻以外寻找到替代方案，进而让客户自己做出判断。

毕竟，婚姻真的不只是纯粹的爱情的结合。

有一次，我在咨询师的讨论群里看到上百位咨询师在激烈地讨论一个话题：谁最希望离婚率低，谁最希望婚姻稳定？夸张一点说，最希望全社会都没人离婚的，应该是国家，国家希望社会稳定，国家需要安宁，而组成社会的小单元就是家庭。从维持社会秩序的角度讲，最好每个家庭都安定团结，这样更大的组织才能稳定。所以国家的一系列法律和社会政策都指向稳定，比如离婚冷静期的设置。

此外，还有谁更希望离婚率低呢？答案是：婚姻里的弱者。

只有弱者才希望婚姻最好长久稳定，这样即便不努力维系婚姻，也不怕被抛弃了。被抛弃，就意味着自己不好啊。在这种人看来，夫妻百年好合就能证明自己一直好。

因此，婚姻是纯粹的爱情的结合这种说法，结婚几年以后的人都不太信了，大家都相信婚姻是社会的产物。

一般而言，婚姻的价值有以下几点。

性价值： 婚姻意味着有个稳定的性伴侣，而且是合法的性伴侣，在道德上不至于被批判。此外，性还是夫妻之间情感的纽带，如果感情不好了，性方面也就明显不和谐了。

但离婚了，说不定连不和谐的性关系也没有了。对于一些思想观念较为保守的人而言，他们接受不了离婚后不稳定的性伴侣，即便他们在其他方面都很出色也不行。在这种情况下，离婚对于他们来讲，可能意味着很多年都没有夫妻生活。而对于思想观念比较开放的人而言，婚姻里的性价值就比较低。

经济价值：这是很多婚姻不能解体的根本原因。

二人合力经营财产往往比独立置业要更容易些，很多人怕失去的未必是婚姻本身，而是婚姻里的经济利益。

比如全职太太怕失去收入高的老公，也许自己也没有多爱他，但老公毕竟是自己衣食无忧的保障，而且是可靠保障。

不少男人怕离婚的核心原因是怕自己辛苦经营半生的财产被分走一半，这代价太大了，他们承受不了。

还有一起创业的夫妻，谁也不想先放手公司，而共同经营下去又会因为矛盾影响公司发展，所以即便对方有婚外情了，为了经济利益，也要忍着过下去。

但有的人对经济方面的担忧真是想象出来的。比如有位女客户向我咨询三年多了，我也帮她写过夫妻财产约定，她如果离婚，是能分得六套二线城市的房产的。这样，虽然她收入不是很高，但还是可以维持原来的生活水准的。可是她想象中的自己太弱小了，经济上的不安全感非常强，不是现实中不能离，而是心理层面不敢离。

情绪价值：有的伴侣也许没有经济价值，但有心理层面的强大力量，它的外在表现是陪伴、帮助、支持、尊重、肯定、认可、重视，等等。很多所谓的"渣男"，为什么还会有女性愿意与之相处？主要是因为他们至少能提供情绪价值。

有位 50 岁的女客户向我咨询，说到她老公出轨，搬出去住了，但她还是要挽回。我问，你还是离不开他，还是需要他啊。这女客户说，对啊，他上次见我时还讲，即便要跟我离婚，也不是因为我不漂亮，我在同龄人里头，绝对是最美的。大家看，这男人多会说话，知道女人需要被认可，而且这位女客户也很受用。

这位女客户还说，她老公经常能找到她最脆弱的点，比如在她爸爸去世的时候，一直抱着她，允许她放肆地哭，这些都是男方提供的情绪价值。

这样的男人也许没钱，甚至没做什么现实层面的事情，但是体贴、嘴甜也是一种价值。而且这也是女性最容易感受得到的价值之一。女人往往最吃这一套，可能这就是所谓的"爱的感觉"。

养育子女的价值：伴侣有帮助抚养子女的意愿和能力。二人合力抚养子女的确是很多夫妻的心愿。我有一位客户是医生，她的儿子8岁了，她的工作经常需要加夜班，根本没办法争取抚养权，因为她没法自己带孩子。但她老公常常能在她缺席的时候，接送孩子，给孩子辅导功课。因此，虽然他们五六年没有夫妻生活了，但女方还是能为了共同抚养孩子而坚持这段婚姻。

还有些养育子女的价值是配偶的父母提供的，也就是孩子的爷爷奶奶、姥姥姥爷帮助带孩子。

但其实这个价值，离婚了也能找到替代的实现方式，如果双方能和谐处理他们之间的关系，照样可以用不住一个屋檐下的方式继续养育子女。

可惜的是很多人总觉得，只要离婚就一定会伤害子女。有的人说："希望在我们的孩子结婚的时候，我们还是夫妻。"这些人却没想想，子女希望看到的，是婚礼上坐着一对貌合神离的夫妻吗？他们希望父母为了自己牺牲一辈子的幸福吗？有没有这样的可能，就是子女还是希望自己的爸爸妈妈快快乐乐的，即便他们单身了，即便和其他人相爱了，也能过好他们自己的人生，而不是为了自己强忍着不离婚？

这就延续到下面的价值了。

社会价值：这主要是指对方能给自己多大的社会支持，通过婚姻，自己如何被社会评价。

有的人自己几乎没有朋友和任何社会关系，他们怕离开婚姻，也就是怕离开自己好不容易依赖对方才建立起来的社会关系。一想到离开配偶的同时，配偶所有的朋友以后也都联系不了了，就会感觉好孤独。

除了社会支持，也有很多人太在乎社会评价。一想到离婚，就觉得身边的亲朋好友会认为自己不好，会给自己贴标签。

他们觉得，离婚了，自己就变成异类了，那样自己就不是"正常人"了，离婚是会被人笑话的，只要自己还没离婚，就是和大家一样的"正常人"。

这样的婚是最不容易离的了，因为对方什么都不做就可以了，对方只要还跟自己有个结婚证，就能满足这个价值。

综上所述，咨询中，我们可以根据以上价值体系，帮客户判断，在他们的婚姻中有哪几个价值是正在被婚姻满足的，这个价值是否可以通过其他的方式实现。

要知道，只要婚姻关系还存续，就是还有价值存续着，否则关系早就断了。

比如一位全职太太，听完我说的，就说她的婚姻至少还能给她提供三四个价值，那暂时还是不要离婚了，等先找到工作，把经济问题解决了，再离婚。

还有人说，就算他一无是处，孩子也不带，钱也不交，但他还是会哄我开心啊，这就是情绪价值的供给。他总是能精准地满足你的情感需求，那你也离不开他啊。

有人说，我太想给孩子一个看似和谐的家了，孩子就快高考了，我不能耽误孩子，于是就有了高考后疯狂离婚的夫妻。

有的人听完我关于婚姻里的价值的分析，就说："我的婚早该离了，他既不跟我同房，也不帮我养孩子，还花我的钱，我不敢离婚的唯一理由是怕父母反对。我要考虑考虑，以后是不是不要那么在乎父母的评价了。"

所以，有很多价值，不是非得婚姻才能给予的，它们也是可以替代的。比如一个男人只是会帮忙养孩子，别的什么都不做，那他的这个价值就可以被替代，或者通过共同抚养孩子的方式，让男人在离婚后继续保持这个价值。我就见过这样的男人，夫妻八年不同房，男方也不上交家用，最要命的是这男的还经常家暴，但女方还是不离不弃。主要是因为，女方看重男方能给孩子辅导功课。其实单就辅导功课来讲，一个高质量的家庭教师也可以做到，这种价值就是可以替代的。

还有的女人，唯一图的就是继续住在男方的家里，其实这个价值只要花点房租就能实现了。如果离婚的时候能顺利分到共同财产，拿分到的财产去付房租就好了，也根本没有必要维持社会性死亡的婚姻。

作为律师，我们学习到这些后，就可以通过阐述婚姻的价值来陪着客户，让他们自己来判断是否到了离婚那一步。

记住，我们是引导客户做出判断，而不是替代客户做出判断，更不是评论人家的婚姻、说一些扎心的话。

这样，那些正在犹豫要不要离婚的客户，就能比较好地跟律师沟通了。

第二节　如何给不想离婚的客户提供法律服务

一天，一位女客户怒气冲冲地来电话，上来就问：我该怎么离婚？但一讲到法律程序，我就发现她这个也怕，那个也怕。最后我发现她其实并不想离婚，只是想保住财产。

那也有相应的法律服务适合她，比如下面讲到的夫妻财产约定。

夫妻财产约定，既能保护自己的财产，也能合法地取得对方的财产。它主要适用于以下几类人。

第一类人，已经了解了夫妻财产约定的，也想让配偶把一部分财产留给自己，甚至都和配偶谈拢了，这样的情况，我都建议找律师起草正式的夫妻财产约定。

第二类人，配偶写了一堆乱七八糟的承诺书，比如保证不出轨的忠诚协议，或者一气之下写了离婚协议，但最后没离婚的，我也建议拟一份夫妻财产约定。

第三类人，不知道还有夫妻财产约定这回事，这就需要律师的启发了。律师可以告诉他们，如果婚姻已经出现了问题，但又不想离婚，而且还想继续保护财产权益，这时是可以写财产约定的。

不过我在这个问题上有底线。有的当事人认为，感情比财产重要，那我就不建议写这种约定，因为感情的维系从来不是靠恐吓和惩罚，如果配偶是因为担心财产有损失才不离婚，那他大概率也不是真心爱你的。也可以这么说，夫妻财产约定只能保住钱，不能保住爱。

第四类人，本来是想离婚的，但是当下离婚却有些被动，需要先保住财产，以后再考虑离婚。比如，女方婚后在房子上的出资较多，但是如果上了法庭，也会因为这些出资是法律上的夫妻共同财产，自己得不到法官的支持。在这种情况下，我们可以先建议他们继续过日子，也可以趁这段时间缓和夫妻关系，从而创造条件签订财产约定。

有些情况下，律师务必建议客户把夫妻财产约定进行公证。

我来讲一个案例。在这个案件中，女方怀孕四个月了，而且已经三次发现男方在社交平台和其他女性有不正当关系。每次被发现，男方都痛哭流涕跪地求饶说要改，还保证财产方面女方说了算。他们家的财产状况是，男方婚前一套房在还贷，女方婚前一套房在还贷。

女方根本无法下决心离婚，这个孩子也肯定是要生下来的。后来女方通过与我的电话咨询，决定让男方把他婚前的房子给自己，我给女方建议的办理顺序是这样的。

第一步，先签署夫妻财产约定。虽然这个约定签了之后可以撤销，但如果男方不太懂婚姻法律，或者男方真的很君子，就不会随意撤销。一方把婚前的房产赠与另一方的协议，要么公证，要么变更房产证上的姓名，否则根据民法典的规定可以撤销。

我建议他们先在家签署夫妻财产约定，第一个原因是：男方在家里同意签署了，到公证处一般也会同意再签正式协议的，否则一直拖到公证处，男方到时候可能就不同意签字了。第二个原因是：目前大部分公证处对于有贷款的房子，都不给做夫妻财产约定公证。

第二步，赶紧把男方名下的房屋贷款给还了，和银行预约提前还贷的时间，准备好还贷的款项。只有还清贷款的房子，才能在夫妻间更名或者去公证处公证。

第三步，如果女方想要的是男方房屋的全部，就更要去公证了，毕竟是将全部房产都给女方，这是大事，要慎重，一定要保证协议的效力，那么最能保证协议效力的方法就是公证。如果女方只想要房子的一半，那可以去房产局把自己的名字加上，并写明"按份共有，女方占 50%"。

第四步，即便公证了，我也建议去更名。按照一般的生活经验，以后这两个人离婚的概率非常大，毕竟这个男的再犯的可能性极高。他们才结婚没多久，男方就被抓到三次出轨了，很难彻底改正。既然离婚是大概率的事，那离婚以后再过户给女方会很麻烦，还不如现在就更名，以后离婚的时候只需要在离婚协议上一写，房产就算女方的了，这样操作是最方便的了。

有人问，如果女方想要的是房产的一半，为什么一定要还清贷款后加比例呢？为什么不能直接加上女方的名字呢？

从法律的角度讲，如果只是单纯地加上了女方的名字，依然保证不了离婚的时候女方就能分一半，毕竟女方对房子一点出资贡献没有。如果离婚的时候二人婚龄极短，法官是极有可能调整分割比例，让女方少分的。所以我的建议是直接走按份共有的方式，给女方加上百分之五十的比例，这样离婚分割的时候就直接是五五分了。

对于不想离婚的客户，律师除了帮助他们起草夫妻财产约定，也可以帮助客户介绍咨心理询师。律师和心理咨询师在业务领域是有非常多的交叉的。

如果律师只认识一个咨询师，就想让他多给你介绍客户，那是不够的，因为很多咨询师的客户都是不打算离婚的，也走不到离婚这一步，所以咨询师给律师介绍的客户的转化率一般比较低。

反过来，如果律师把客户推荐给咨询师，那转化率就很高，因为走到离婚阶段的人，大多需要心理辅导。我们把客户介绍给咨询师，主要是为了让客户找到一个可以专业地倾听他的人，让他得到长期的成长。这样，客户对我们的黏性就会更强，如果有一天他想离婚了，还是会找我们。

第三节　客户分级和咨询时长

我把客户分为以下几个层级：

第一层，委托的客户。

第二层，咨询过的客户。

第三层，在我这有过其他消费的客户。

第四层，完全无消费记录的客户。

先来看第一层，委托的客户。

只有委托的客户，才能和我微信沟通。能随时给我打电话的客户，更是只有委托了的客户。我是不接受其他层级的客户蹭我的微信咨询或者随时和我电话沟通的。

理由是，如果对支付了高额代理费的客户，都不给人家 VIP 特权，那人家为啥要花费高于咨询费的价钱来找我代理呢？

如果客户真的算一笔经济账，从服务选择的性价比的角度讲，咨询是最划算的。

如果真想省钱，当事人也可以完全不请律师，全靠电话咨询来接受培训，自己学习，然后花最低的价钱亲自上法庭。

但是，很多有经济实力的客户会认为这些很麻烦，又要花时间和精力自学，又要预约咨询，所以也才愿意正式委托律师办理。这样也能享受到随时联系律师的权利。

第二层级的客户，没有跟我建立委托关系，仅仅是咨询过，在咨询结束后反复询问我其他问题的，我会回答说：你好，我们是一次性的咨询，我是不赠送后续的微信解答和回复的。如果还有其他的问题，请攒到一起约下一次的付费咨询。

作为律师，最大的挑战之一，就是看似时间自由，其实手机一直在响。当你周末正在陪孩子，或者和其他朋友聚会的时候，叮叮当当来几条微信，各种问题会把你的好心情破坏掉。就算委托的客户想和我电话沟通，我也会要求预约。对于第二层级的客户，我更没有那么多时间一一回复，毕竟我没法给所有咨询过的客户当灭火队员。

其实在委托的客户里，我也会区分：关系可以进一步的客户、公事公办的客户。

在交往的过程中，对于有些和我的价值观比较接近的、可以让我可以放松一些的客户，我愿意和他们一起吃饭、喝酒，聊聊我自己的生活和我的脆弱。

公事公办的客户，我会只围绕客户的需求，只聊案件本身。

至于如何区别这二者，就全靠我自己的个人感受了。

第二层级，咨询过的客户。

这些人是我们委托客户的来源，他们如果第二次咨询，或者询问代理费，基本上成交的概率就很大了。所以我要给每一位咨询过的客户做标记，标记为"已咨询"，并且给每一位咨询过的客户做咨询记录，放在微信的备注里。

这个备注非常重要，因为你只凭脑子根本无法记住每个人的情况，但只要备注在微信里，下次他再约咨询，你就可以回看一下，像是医生看病历本。

第三层级，在我这有过其他消费的客户。

这些客户包括参加过我的社群、买过我的各种课程的客户。

有一次，一位咨询的客户带着她妈妈来找我，她的妈妈，竟然把我的公众号文章翻了个遍，我家所有的事情她恨不得都掌握了，这让我感觉头顶有一阵阵阴风飘过。这种客户，很容易成为第二层级的咨询客户。

第四层级，潜在客户。

这些客户大多只是在公众号上看了我的文章，看过我的知乎、微博什么的，加了我微信，除了从我这领取过免费的课程资料外，就再没有其他沟通，我们之间几乎还完全没有建立信任。

对待这样的潜在客户，想要影响他们，需要一个缓慢的过程。假设我一对一给人家硬推广告，是非常不合适的，那距离人家拉黑我就不远了。

客户从信任我们，到决定委托我们，需要一个循序渐进的过程。

也就是说，对待不同的客户，需要不同的维护技巧。

有的客户，需要我们拿出耐心，继续跟进；有的客户，比如刚加微信，想要免费咨询的，也许我们越跟进，效果越差。

讲到客户分级，我又想到了同行经常问的这个问题：于律师，有一些潜在客户，要跟进吗？我知道，他们说的"跟进"的意思，是指咨询过一次的客户，要不要给人家发个信息，问问人家有没有签约意向。

说实话，我基本是不会这样做的。原因是，咨询过我的客户数量太多，而且多数在外地，我很少主动问。

但这并不是说我完全不跟进。我的跟进方法，和有些律师想的完全不同，如果是我非常想签约的客户，我会在事后照顾一下客户的情绪，发一些肯定客户价值、关心客户的话。

其他所谓的跟进方法，也多是间接的。比如，我会通过发朋友圈、招募社群等方法，让他们想起我来，以便考虑是否在我这里复购咨询服务。

那么，客户的咨询一般控制在多长时间合适？

我的经验是，离婚咨询，半小时起步。

经常有潜在客户发微信问我：我就一个问题，能否在微信上回答一下？或者：我就一个问题，能否提供5分钟的咨询？

表面上看，客户的问题是一个，但是为了回答他的"一个问题"，我要了解的背景，可不止"一个问题"的体量。

比如有的人问，我老公不同意离婚，还频繁出轨，我该怎么办？大家听听，这是"一个问题"吗？有标准答案能回答这一个问题吗？

所以，第一个要恪守的标准，就是坚决不能在微信上回答任何人的问题，除了签了代理合同的委托客户。

因为那样你既不能好好地回答他们的问题，你的时间和精力也被牵扯得七零八落，让你没有办法好好写一个文书、一篇文章。

至于电话咨询的时间，毕竟离婚案件涉及了情感问题，客户的情绪宣泄需求大于他们的法律咨询需求，就算你能用十分钟回答法律问题，也绝对不可能在十分钟内陪伴他们走一场悲伤的旅程。我还是认为，只有好好陪伴了的咨询才是成功的咨询。所以，半小时起步，是为了有时间听他们的悲伤，有时间消化他们的情绪。也只有好好地安慰了他们，我们也才有机会提供后续的服务。

从实践经验来看，半小时的时间对于婚姻咨询中的陪伴来讲，还是不够的。一般情况下，45 分钟到一小时的咨询时间更合适。

这是心理咨询界的通用时间标准，他们一般一次电话咨询的时间是 45 分钟，最长一小时。

接听咨询电话的数量，我的上限是一天最多四个，而且这四个咨询当中，其中两个还得是半小时的，两个是一小时的。一般来讲，一天接三个电话，我就已经非常非常疲惫了。

接四个电话的时候，我经常觉得自己的人生也变得灰暗了，主要是因为客户有情绪，我也会受到影响。

面谈的话，我的上限一般是两个小时。有一天我连续接待了两位客户，每位客户接待了三个半小时。接待结束后，我是什么状态呢？跟大家形容一下：回到家我就想找个人发火，最直接的原因就是，我把自己透支得太严重了。

那么，在咨询、面谈的时间把控方面，要不要准时结束？比如客户聊超时了，要不要准备挂电话？

在电话咨询中，如果客户聊得正舒服，或者话题还没有展开，半个小时的时间明显是不够的，我当然是愿意延长一下的，虽然后半个小时收费低了些，但总归也是有收费的。而且增加了时长后，也顺带增加了客户满意度，案件成交的可能就更大。一般我也会提前半小时提醒客户要不要延长时间，多数客户同意延长。

面谈的话，一个小时经常聊不够。大家可以想想和客户、朋友见面的场景，一个小时的时间，真正聊起来，几乎是还没寒暄几句，就到点儿了。

婚姻业务的特点是，如果你光聊干货，客户和你的亲密感就很难建立起来。我原来就是特别实在，客户约了一小时，我就按照一小时来咨询。为了追求效率，我会时不时打断客户，抢着说要点，怕客户浪费钱。

从去年开始，我有了转变，我的变化源于我的心理学功底越来越扎实，我能在和客户聊天的时候，让客户越来越舍不得走。同时我发现，很多客户既然舍得支付一个小时的咨询费了，就不介意再支付一个小时的费用。而且最重要的是，我们和客户聊得越深，客户越满意，也就越有可能成交代理。这种效果是两全其美的，大家都高兴。

比如，我前段时间见了一位女警察——一身正气的女刑警那种。第一次见面是约了一个小时的时间，在我的严格把控下，谈了四十分钟把法律话题谈完了，后面的二十分钟，我们就开始谈心理问题，结果她流泪了。回去后她在我的朋友圈下留言，说后面的二十分钟的交流，对她的触动最大。

第二次，她又来见我，我就毫不留情地和她聊了两个小时。这次谈话过程中她哭了好几次，她一直说，这么多年了，从来没有像今天这样痛痛快快地说说她的婚姻问题，因为没有人可以让她这么说。

然后我们再谈起代理，就感觉像喝过酒的两个老朋友在聊一个商业合作一样简单了。

第四章
电话咨询流程

第一节　咨询必须收费

作为律师，你的咨询收费吗？

这得先问自己：你的目的是以后挣得律师费，还是说你的目的就是练练手，感受一下帮助别人的感觉？确立了不同的目标，就要走不同的路，怕的是没有目标。

《爱丽丝梦游仙境》中有这么一个情节：

爱丽丝走到了一个通往各个不同方向的路口，她不知何去何从，于是向小猫邱舍请教。

"邱舍小猫咪，能否请你告诉我，我应该走哪一条路？"

"那要看你想到哪儿去。"小猫咪回答。

"到哪儿去，我并无所谓。"爱丽丝说。

"那么，你走哪一条路，也就无所谓了。"小猫咪回答。

英国有一句谚语说得好："对一个盲目航行的船来说，任何方向的风都是逆风。"

前段时间，我花了半天时间给一位律师讲如何收咨询费，没想到最后她却说：其实我被蹭咨询还是蛮自豪的。那这位律师就是喜欢实习医生给病人开刀的感觉了，这种情况就不在本书讨论范围了。

但如果明确了你的目标就是收取咨询费，那面对陌生客户，要做些什么准备？

客户最关心的几个问题是：咨询收费吗？收费标准如何？怎么付费，付完费后怎么联系你？代理我这个案子要收多少钱？

我把我的一些做法分享给大家。

陌生人加我好友的，我的第一句话是：你好，我是于琦律师，是一个从业十七年的专业婚姻律师，咨询是收费的！

我会送您价值××元的《离婚全攻略：协议、诉讼离婚流程》《婚姻法 100 问》。

如果有人发送关键词："咨询""收费""付费"等，我的公众号会自动发送报价单，同时给自媒体的粉丝们一个限时折扣。

如果客户已经把问题发过来了，公众号也会弹出报价单。

我的报价单，是找设计师设计过的图片。

从心理学角度讲，沟通的载体按照说服力的大小依次排序，分别是：视频、音频、图片、文字。

原来我也写过一小段话：于琦律师是某某律师事务所的主任，是专业做离婚案件的律师，半小时收费多少钱，一小时收费多少钱，面谈收费多少钱，公众号名称是什么。

但因为是文字，会给人不可信的感觉，客户怎么确定这价格不是你临时编辑出来的呢？

　　后来我又做了个很长的自我介绍，把咨询费报价放在介绍里，用公众号的一篇链接发送，但是这个自我介绍的内容有点长，客户往往还没翻到报价那里就没心情看下去了，回头还是要问我收费标准。

　　所以，这些文字都没有图片显而易见，也没有图片专业。

　　就像理发店，都是用图片报价的。工作人员可以在图片报价的基础上给你打折，但是不会通过一段文字来介绍收费标准。

　　因为文字有一种随随便便的感觉，好像是临时编辑的，而且人们的注意力很难马上被一段文字吸引。相比之下，图片的吸引力更大一些。

　　还有的客户知道我的报价后，马上就问：请你打官司多少钱？这种打官司、代写离婚协议的收费，我是不在咨询前报价的，我的话术一般是：

　　谢谢您的信任，我要先评估您的案子的难度，就像医生做手术需要先看到检查结果，才能判断手术难度一样，所以您要先约咨询，了解了情况后我才能报价。

一个客户在对一个律师完全不了解的情况下，上来就问打官司的收费标准的，一般都是在比谁的价格低。大家想啊，病人找大夫的时候，会在还没挂号，还不了解大夫水平的情况下，上来就问做这个手术需要多少钱吗？

如果问了，那肯定是想找个收费低的大夫。

有客户问到这，还是接着发文字咨询。那怎么办？不回复就好了。

还有发语音的，我的回复一律是：谢谢您的信任，请发文字，语音我不听。事实上我也就是这么做的。

有的律师给对方发了报价单，对方没有回复，律师就生气了，还考虑要不要删了对方。其实大可不必，我们还是有可能把他发展为客户的。你可以继续用朋友圈触达他，用群课影响他，把小的收费课程卖给他。这样，说不定哪天他再想解决问题的时候，就又来问报价了。我的微信好友中就有很多人，两年前问过报价，最近又开始问了。

有的律师看到客户对报价单回复"好贵啊"，就很生气。其实也要换位思考一下，他也未必想说你的服务不值这个价钱。说不定他只是想感慨一下，或者是想讲价。

比如，五年前我想找位老师咨询营销问题，当时我们只是微信好友，我问老师面对面谈判课程的收费标准，他说4000元一个半小时，而且是用文字手动发给我的。

我的第一个反应也是"好贵啊"，不过这句话我是在心里说的，没发给老师，因为我觉得我自己的咨询费都够贵的了，没想到还有更贵的。但又一想，可能是我没见过世面，说不定他的课程的确很值钱呢。

是啊，很多客户听到律师的咨询费这么高，就很咋舌，我们律师也要原谅他们不熟悉这个领域。

我们报完了价，有人还会问：于律师，这是不是太直接了，有没有委婉一点儿的？

我只能说：怎么委婉？难道要讲一个故事，说律师是多么辛苦，然后让别人同情你才付费吗？

我见过不少律师朋友圈发文：我们读了这么多年书，

又通过了司法考试，请珍惜律师的时间、精力什么的。

还有的律师倒也张口了，但不明确收费标准，只是说：您随意发个红包吧。结果人家就随意发成八块八、六块六的。

你让客户自己去悟，那就平添了一份期待：你期待对方是个特别懂事的好人，但是只要期待没有达到，你就会很失望。

这感觉就像算卦的，如果觉得我给你算得好，你随意，对方随意的结果往往是：自己不满意。

我们律师要是自己都不拿自己的咨询当商品，还怎么能期待别人能拿我们的咨询当商品呢？

我特别不喜欢那些被动式的话，把自己当受害者说："我又被占便宜了！""别人来蹭咨询，我该怎么办？"我喜欢的是主动式的问题："我想收费，我该怎么做？"

律师的时间是有限的，当你的时间提供给这个人了，就没法提供给其他人。如果你都不想给自己的时间定价，别人怎么可能尊重你的时间价值呢？

想收费，直接开口就好了。

此外，还有人担心自己的咨询报价单发出去，有人议论自己。

我们谁没被议论过呢？有的人一看见我的报价，就说，你咋不去抢！还有的人说他不和只会谈钱的律师聊，还有的人说我黑心……

我以前也经常因为这些事情生气，直到有一天和我的健身教练聊天，我才释怀。

我健身前收到一条微信，大致意思是说：你凭什么在没有回答我的问题之前就给我报价？你应该先把问题回答好了我再给你钱。

我带着这一肚子气去健身房锻炼，我问教练：你遇没遇到这样的问题？会不会有人说，你凭什么先收我私教费用？你都不能保证我减肥成功！

教练摸了摸脑袋尴尬地说，于姐，我自己不当客服啊，你说的是客服遇到的问题。

我的天，我突然悟了：我说我怎么这么难呢，我在给自己当客服啊。

世上有好做的客服吗？我干脆把客服这份工作外包出去吧。

我上网一找，还真有！我一问价格，人家说一个月收费 6000 元。我的天，那平均下来一条回复就价值十几元钱。算了，我还是自己当客服吧，我选择了一些能自动回复的软件来替代人工。

所以说，既然自己当客服，就要提供客服该提供的情绪价值，需要包容客户：包容他们不适应该为知识付费；包容他们因为深陷婚姻纠纷，不知道找谁发泄；更要包容他们暂时对律师的不信任。

接下来，我们再聊聊熟人咨询怎么办。

第一，要有专业划分，这样一道关卡就能拒绝大部分蹭咨询的熟人。

我对亲朋好友的离婚咨询是免费的，所有的大学同学、关系要好的高中同学，自己的朋友，咨询自己婚姻问题的都免费。为什么？亲朋好友离婚的加起来又会有多少呢？

对那些多年不联系的同学、关系很一般的人，或者是朋友介绍来的朋友，我都收费，但是打折。折扣的力度主要看关系远近，比如闺蜜的好朋友，我直接打到五折，只要别让我吃亏，给个时间成本就可以。这样闺蜜也有面子，咨询者也觉得被照顾了。

所以，一切好的服务都是要收费的，如果不收费，慢慢地，你只会提供越来越差的服务。

比如一个多年不联系的同学，第一次咨询，你不好意思要钱，后来他反复问你，你就开始不好好回答了，或者找理由推脱，或者心里不高兴，其实这样反而更伤害了关系。

只有收咨询费，你才会认真对待客户，提供高质量的法律服务，这样也对得起这份咨询费，这其实是双得利的。

比如，我妹妹的好朋友遇到股权纠纷，让我推荐个"靠谱"的律师，我搜肠刮肚地找，认识太多律师了，但"靠谱"二字不易满足。

后来，妹妹的朋友联系上了我推荐的这位律师，无奈她说什么也不收咨询费，又电话又面谈，妹妹的朋友很歉疚，可依旧不清楚下一步该干什么。虽然发微信时，律师也回复，但每次都显得很忙碌，朋友也不好意思再追问，就对我妹妹说，真希望律师明确个报价，仔细指导一下，他也就不用这么不好意思了。

像这样的情况，律师收费用有时候是对客户最大的帮助，两不相欠，甚至连介绍人的人情也不欠，但有的律师不懂。

接着再说说咨询的收费标准。其实标准的高低不是最要紧的，要紧的是通过收费考察客户的诚意。如果客户连一点咨询费都不想掏，那更不会掏代理费；如果熟人连一点打折后的咨询费都不掏，那这个人也不值得交往。这时候，就不要在乎他们背后怎么议论你了。

所以，根据实际情况制定你的咨询费用标准就好了。我的体系是这样的：最开始，面谈一小时收费299元，电话咨询一小时收费199元；后来涨到面谈一小时收费599元，电话咨询一小时收费299元。一直涨到现在面谈、电话咨询一小时收费都是1499元，半小时的电话咨询收费999元。

　　我后来选择面谈和电话咨询同价，是为了促进更多的面谈，这样成交代理的概率更大。

　　第二，半小时电话咨询费用标准和一小时电话咨询费用标准要有所区分，前半小时的单价肯定要比后半小时的贵。如果前后半小时单价一样，很多人就会先约半小时的，觉得大不了后续再加嘛，反正价格也一样。但是实际上半小时的电话咨询效果远远没有一小时的好，所以前半小时的资费标准最好是后半小时的两倍。

　　第三，为啥我要设置零头：599元、999元、1499元？这是我从一些营销方面的书里学到的，这就是客户心理，一定要抓住。你降低了1块钱，看上去就好像降低了100块钱。

　　说完了报价的技术和标准，再说说律师关于报价的心理，那就是"不好意思"。其实"不好意思收费"，真的是穷人思维。

　　要知道，金钱是需要流动的，如果你总是想帮客户省钱，就等于没有让他口袋里的钱流动。如果他支付给你200元，你提供给他400元的服务，他感觉自已赚到了。而你用这 200 元去加油，加油站的老板用这 200 元给孩子买玩具，玩具店的老板用这 200 元去健身，这样 200 元的价值就不是单纯的 200 元了，而是 200 元的很多倍了，而且我们每个人也都相应地享受了很可能高于 200 元的服务。也就是说，金钱的意义在于流通，我们只要能提供优质的服务，就是在创造社会价值。

第二节　接听咨询电话前的准备工作

01　接电话前的环境准备

接电话前，必须找一个安静的环境，这没得商量。

很简单，如果你自己付费几百元，去找了一位心理咨询师，打电话过去，发现他正在一个环境嘈杂的地方，不管这位咨询师的水平多高，你也会觉得自己不被重视。

所以如果在公交、地铁等环境中，建议律师就不要接听咨询电话了。因为，如果通话质量不好，会直接影响当事人的感受，接了还不如不接。

如果你提前约好了咨询电话，无论多困难，都要找到一个安静的环境接听，这是对服务质量的基本要求。

要知道，每一位客户都可能成交。你根本不知道哪一位客户会是你的大主顾，所以对待每一位客户，都要拿出十足的诚意，做好十足的准备。

即便在电话沟通中，客户也是能感受到你的工作态度的。

02　接听电话的必备工具

一般律师接电话的数量不是特别多，所以没把接听工具当回事，可是我要讲的是，当你的咨询电话的数量上来了，你就会发现，工具非常重要，包括接听工具和记录工具。

一个工具是接听工具，我会随时戴个耳机出门，这么做的好处是：

第一，不用举着手机接听了，那样太累。

第二，有了耳机，可以腾出手来做咨询记录。

第三，如果用的是无线耳机，还可以一边给手机充电一边接听电话。

另一个工具是记录工具，也许是一台计算机，也许是一张纸、一支笔，也许是用另一部手机打字记录，总之你一定要记录。

很多人都忽视了记录的重要性，总觉得自己的脑子好用，就算半年一年后，这个客户再来电话，依然能想起他案件的细节，以及给他报过的价格。

如果你真这么想，那我只能说，你真是过于自信了。

不然你可以试试，过了半年，你当时以为肯定会记得的事情结果后来都忘了。

比如，你去翻一下一年前的一个案卷，你会发现，你把当初在法庭上说的话全忘了。但是，如果当时做了庭审记录，回头翻看这些记录，你就能想起来。

所以说，好记性不如烂笔头，说的就是记录的重要性，也就是记录的第一个作用。

记录的第二个作用，不仅在于记录咨询内容本身，还是为了和客户下次交流的时候，让客户感觉到自己被重视，感觉到自己很特别。

比如，第二次接听她的电话，你一下子就能叫出她的名字，能记得她曾经被家暴过，被出轨过，她会觉得非常感动，这样，成案率就大大增加了。

婚姻案件中，差不多所有最后跟我签约的客户，都是咨询了两次以上的。而且多数情况是，客户两次咨询间隔的时间往往很长。如果第一次没有做记录，可以说，我是根本无法签下这些合同的。

记录的第三个作用是，可以标记客户的个性。

比如这位客户很敏感，这位客户常常歇斯底里，这位客户很多疑……这样记录后，下次他们再来电话，我在心理上就会有所准备。而且，下次如果他问代理的报价，我会给他一个高于普通客户的报价。

记录的第四个作用，在于为报价打基础。

大家都知道，我们报价的高低，也和客户的性格，即服务的难易程度有关。比如客户很矫情，那报价可能就高点；客户人不错，好打交道的，就可以降低报价。

客户的这些特点，如果不记下来，就会影响到后续工作的状态。除此之外，一定要把报价也记录下来。这样下次再咨询，人家问："你上次给我报的价格是多少来着？"如果你说："我忘了。"那就太尴尬了，客户也会觉得你是很随意的，会认为你的报价毫无标准可言。

记录的第五个作用是，记住客户是谁介绍的，是通过什么途径了解到你的。这样你可以感谢介绍人，或者以后，在这个渠道上投入更多的精力。

好了，说完记录的好处，再说说工具的使用。

使用什么工具，就要看你电话是在哪里接听的了，你要是坐在计算机前，可以打字记录，这样最快。如果手边没有计算机，拿笔记下来也好。

记录完了，怎么存储？

很多年前，我记录完了，都会把它们整理到一个文件夹，放在我的计算机里。

后来我才发现，这个方法非常呆板，因为每次客户再来电话，我必须坐在计算机前才行，还必须打开计算机，找到他上次咨询的日期，再打开文档，费时费力。

后来我经常使用的方法是，记录完了，就把这些信息备注在咨询者的微信上。记录太长的，我就用照片备注。这大大提高了我移动办公的效率。

当客户已经付费了，约好时间后，我们就要准备好交流的工作和话术。

我引导客户咨询的流程是这样的。

提醒客户需要做的咨询前的准备工作：厘清时间主干及基本情况，如结婚时间，孩子多大，房子什么时候买的，谁想离婚，双方协议的情况如何。

最主要的是，讲讲需要律师帮助做点什么。

我会提醒客户把问题想好，写在纸上，不用发给我，但一定记得提问。

然后我会对时间进行提示：我们约好的时间是今天下午两点，我会上个闹钟，建议您也上个闹钟，我的电话是……到时候请您准时拨打电话。

第三节　电话咨询流程

01　对取证的法律建议

不同类型的案子的取证要求不一样。

离婚想多分财产的，取证要求会根据财产种类而有所区别。

第一类，涉及房产的取证。

在实务中，法院只能对有房产证的房子进行分割并做出判决，所以如果当事人的房子没有房产证，必须嘱咐他们办理房产证。如果是有房产证的房子，直接保存房产证正本，拿不到房产证原件的，复印房产证也可以。我真见过不少当事人，别说没有房产证复印件，就连房子的具体地址都不知道。

自己手里没有房产证原件或者复印件的结果就是，要等到对方在法庭上出示了，才能要求分割，万一对方也坚持不出示呢？我们就算要求分割也没地方去调取证据啊。

　　大家知道的是，法院是没有义务在当事人不提供房产具体坐落的情况下，去查询房产信息的。根据谁主张谁举证的原则，如果一方要求分割家庭的房产，就有义务拿出房产证，至少有一方要拿出原件。所以，最低程度的取证标准就是要有房产证复印件，上面记载了房产的地址，法院根据调查令去房管局查询房屋登记信息。

　　如果当事人啥也不出示，对方又说家里根本没有这套房，那么法院就可以不理会分割房产的请求，因为主张分割房产的一方没有证据。

　　还有的当事人，不知道配偶偷偷买房的事情，直到翻出一些付款凭证，才知道有这么一套房子。这样的证据可以提供，可以据此在法庭上要求配偶提供房产证或者房屋坐落信息。

　　至于说，有的当事人要求分割老人、孩子名下的房产，就千万别想了，这都是登记在第三人名下的房产，离婚案件中是不给分割的。

　　第二类，涉及股票、债权、基金等的取证。

　　主张分割此类财产的一方，上了法庭，只需要说，对方在某公司买了股票，有股权，这东西在天眼查、工商局等网站都是可以查询到的。关键不是股权存不存在，而是公司的股权值不值钱，如果是比较明了的上市公司的股票，这些好查询，也好计算价格，也好分割。而其他有限公司的股权，想证明存在容易，想分到钱不容易，因为这些股权不一定值钱。

针对股票，如果能找到对方股票的开户信息最好，比如某某证券公司的开户信息，如果不能，就找对方的银行卡号，也能根据关联的银行卡账号，看到股票购买信息、转入证券账户等信息。

这样，对方在法庭上就不得不按照法官的要求，出示自己的股票账户信息。有的法院要求出示余额，但是如果是婚前就有一些股票的，为了区分婚前财产，我们可以要求法院责令对方出示股票流水加上余额。

对债权、基金等的取证，也是一样的道理，谁主张，谁举证。如果知道对方有这些，能找到信息最好；不能找到的话，可以要求法院责令对方出示，对方就算不出示，法院也可以根据调查令去调取。

第三类，涉及汽车的取证。

要收集的证据是车辆行驶证和买车的大绿本，购车发票有没有都可以，如果车辆实在没有在自己的控制之下，可以提供车辆行驶证复印件。

实在没有行驶证的，到法庭上，对方一般也会承认家里有车，这是瞒不住的。就算他瞒着，也可以申请法院去车辆管理所调取证据。

对于车辆的现值，可以上二手车网上查询现价，并且截屏提供给法院。

至于车牌的价值，北京这边一般是在法庭上作价，这样对双方较为公平。

离婚想要孩子的，关于争夺抚养权的取证要求也要根据不同的情况有所区分。

8 岁以上的孩子可以上庭表态，就不存在取证的问题了。

想要获得 2~8 岁的孩子的抚养权，最直接的办法就是，分居的时候一方带着孩子一起住，比如说带着孩子搬出去住，或者对方搬出去。

在实务中，谁和孩子一起住，会在很大程度上影响法院对抚养权的判决。而这一步骤其实不用取证，做就行了。

对于没有分居的夫妻，就是一家人还住在一起的，抚养权判给谁就要取决于很多因素。比如这些年谁在负责照顾孩子，这方面一般靠法庭陈述就可以了。例如女方家长一直负责照顾，这也不用取证，因为大部分的男方不会空口说瞎话，对于孩子由谁带大的事实，不承认的很少。如果想补充一下证据的强度，可以让带孩子的一方（比如女方父母）出具证人证言，内容大致如下：本人（姓名、身份证号码），从孩子出生后多大开始，一直帮助女儿照顾外孙女，一直到今天。本人现在身体健康，未来依然愿意协助女儿照顾外孙女。

有人问，多拍和孩子在一起的照片作为证据，有没有用？在法庭上没啥用。你想啊，有的妈妈也许照顾得多，但不怎么拍照；有的爸爸一周可能只陪孩子过一个周末，但很爱拍照。所以，其实法官也不爱看这种照片证据，因为照片的多少证明不了谁实际照顾得多。

微信聊天证据有点用，但不大，法官特别讨厌你一言我一语的那种长篇的微信聊天记录。而且聊天记录经常断章取义，今天聊的是同意把抚养权给你，明天可能又变卦了。

可以举证一方家长和老师的交流，比如学校开家长会的记录，给孩子所做的课外辅导的证据，给孩子大额开销的证据，等等。

对这些书面证据，法院比较看重，尤其是一方带孩子的书面证据累积到一定量，而对方明显举不出什么带孩子的证据，这样的对比，就能显示出在一定阶段内，几乎都是其中一方陪伴孩子较多。

02 对诉讼的风险提示

对案件胜诉概率给出合理反馈，有利于顺利签约。

不过，离婚案件很难明确分出输赢，胜诉与否，其实全取决于当事人的要求。

有的当事人希望的结果是，能分一半财产就行；还有的当事人，比如出轨的一方，认为自己只要别净身出户就是赢。

有的当事人希望的结果是对方净身出户；有的当事人认为要到孩子的抚养权就是赢；有的当事人想分的只是对方银行账户上的钱。

所以，我们无法用一个统一的标准来衡量什么是赢。也正是因此，不论当事人的要求是什么，对我们来说，都要进行风险提示。

经常有人反感律师说扫兴的话，但是进行风险提示，是我们的责任啊！

律师这个行业，总是先把最坏结果提示给客户，给出对走势最客观的判断，然后再尽我们最大的努力去帮客户争取利益！

除了对诉讼结果的提示，对诉讼时间成本的提示也尤为重要。尤其是对于打离婚官司的原告而言，更要提前讲好时间周期，避免事后当事人因官司打得太久而不满意。

我们以北京朝阳、海淀为例，从原告提起诉讼，到通知到对方，起码要两三个月；再到安排第一次开庭，也许半年，甚至一年以后了；一旦对方不同意离婚，还要等到不离婚判决到手，从开庭到拿到判决书也需要一段时间。然后间隔半年，再次起诉，到第二次诉讼，比第一次诉讼的周期还长，因为要分割财产，开庭的次数还多，还要加上调查取证的时间，万一再加上个鉴定的时间，那后面这第二次诉讼的时间至少在一年以上。

因此，加起来平均就要两年，或者两三年才能打完一个离婚诉讼的两次一审。

这还得是调解结案或者双方不上诉，这个婚才算离完了。

如果再来个二审，又增要加半年到一年的时间成本。

所以，有很多客户不分青红皂白就想起诉对方，想当原告，甚至觉得自己当原告很酷：我把他给告上法庭了！似乎有个原告光环护体，他就占据优势了。

由此，我们一定要提示一下这些想当原告的客户们：时间成本计算好了吗？

　　舒舒服服当被告不好吗？当被告还可以有两个选择：同意离和不同意离，这多好啊。

　　当然了，有的客户是实在不得已才当原告的，那就没办法了。我们把时间成本提示完了，就陪着客户一起走过这段历程吧。

03　对咨询电话进行总结

　　我们在给客户提供了全面的法律建议和诉讼风险的提示后，最好给客户一个指引和总结。

　　我的模式是这样的：

　　今天您向我提了这样几个问题：第一，如何取证。我总结一下，要求的证据是……第二，如何谈判，这段我刚刚给您做了录音，马上发给您，您照着整理整理，便于操作。第三，……

　　除了法律部分，我也常常问客户一些情感方面的感受。我会问：今天我们谈完了，您有什么感受？所以他们往往会谈很多感受，这是和客户交流的一个好方式，也是与客户进一步建立信任的好方法。

第五章
从面对面咨询到成交

第一节 得体的形象，对服务业非常重要

在一次讲座上，我问现场听众：法律服务作为一种产品，你们认为外观和内核，哪个最重要？

大家一致回答：内核！

这可能是大多数人的想法，但是在服务行业，外观——也就是形象，它在业务中的重要性，的确是不容忽视的。形象对于律师这个职业来说，有时候甚至会起到决定性的作用。

公众对律师其实已经有根深蒂固的印象了：律师都庄重，着装上档次，举止很优雅，说话有逻辑，等等。

所以我们的外在形象一旦不符合客户的心理预期，他们可能就会对我们失望。

假设你是客户，下面这两个人都是你约见的律师，你会选择哪一个呢？

第一个人，中年男性，长相帅气，衣着得体，业务水平一般。但他穿着几万元的定制西装，坐在东二环高档办公楼里，戴着十多万元的手表，梳着油光锃亮的成功人士大背头。

他听完你的介绍，用肯定的眼神，笃定地对你说：你这个官司啊，赢不了，别打了。我就跟你讲一个我刚做的案子。然后他巴拉巴拉讲了一段故事，这故事只是他提前背好的台词而已。

想象一下这个场景，你是不是很容易就被说服了？

第二个人，他是一位专职律师，也是真实的人物。

在我2006年刚入行的时候，曾经面试过我的律师，就在朝阳法院看守所门口的一个小平房里。当时旁边的小平房，有一大半已经被拆迁了，但他的律所还在坚持。

这位律师，穿了一套有点不合身、皱巴巴的西服，浅灰色的，质地不太好，总之在各个方面都给人一种很不得体的感觉。

在面试我之前，我亲眼见他接待客户。他是做刑事案件的，而且办案经验丰富，所以他讲的全是干货，可是客户免费咨询完就走了，也没有跟他签约。

在他面试我之前，我就先否定了他。

尽管他当时给我的工资并不低，但我还是去了一家大律所，宁可只要 2000 元的工资，也要找个穿着打扮一看就像大律师的人，我宁愿去给他做助理。

大家看，连我一个小小的实习律师都对外在形象如此在意，那客户岂不是更在意？不管律师的逻辑多清晰，也不管他的业务水平如何，只要他的外在形象，如衣着水平、仪表气质等传递出消极的信号，就会大大影响客户的签约意向。

用最直观的投入产出的角度来衡量律师在形象上的投资，可能会更加直白。也就是很多时候，多成交一个案子，这些在形象上的投资就可以收回来了。

第二节　咨询，是知无不言，还是留个后手？

我记得自己一开始决定当律师的时候，去一个法院门口的门脸房律所面试，人家让我在这里实习一天。那一天里，我就坐在那里跟大家一起接待来免费咨询的人。因为来法院门口咨询的人，都是以蹭免费咨询——占便宜的群体为主，成单率比较低。

下班的时候，一个领班的律师走过来，告诉我们：大家记住了，你们说话的时候一定要留个后手，如果你们把核心的内容都告诉他们了，他们反倒再也不会找你们了，千万不要知无不言言无不尽。你们这样的免费服务再好，也只能是一次性的，咱们也没有回头客。一个人一辈子打几次离婚官司、遗产官司？所以千万不要犯傻，不要太实在。

我们几个还在试用期的律师听完，似乎懂了点什么。但潜意识层面，我似乎又觉得哪里不对劲，但也说不出来，反正凭着感觉，试用了一天我就不再来这里上班了。

此后的很久，我都很矛盾。我想，如果保留核心观点，那还能帮到客户吗？如果客户也明白我们的"留一手"，难道会在明知我们不诚恳的情况还聘请我们吗？

再说了，难道客户就不会从其他律师那里打听出来吗？其实法律也没有那么神秘啊，客户如果真想自己去打官司，只需要多咨询几个律师，拼凑一下他们的观点就可以了。

后来，我去了一家很大的律所，一位年薪千万的律师告诉我一种完全不同的理念，他说：不要把客户当傻子，而是要相信，上帝比我们更懂。你只需要对他们真诚，他们会看到你的真诚的。

就算你把全部核心方案都告诉了他们，他们也未必有时间、有精力自己去打这个官司，就算他们真想打这个官司，也不妨碍你的真诚被他们认可。

到了高端客户这个层面，我们可以这么想：人家既然能在职场有如此成就，凭其阅历和经验，也一定能看出你的小心思，不要以为你的心机人家不懂。

听了这番话，我也常常问自己：除了真诚，你还有什么？

那个时候的我刚入行，没经验也没背景。是啊，除了真诚，我还有什么呢？

如果我故意留一手，客户也会懂。如果我真想成交案件，倒不如把方案都给到客户，就算他真想自己做，那也是他的事情，我只要对得起自己就行。

而且，如果我的方案够好，即使我都告诉客户了，也是有很大的概率成交的，因为通过方案本身和我的处事方式，客户也会认可我的人品，进而放心地把案子交给我。

两位不同的律师的点拨，也让我看到了不同律师的格局。

我想成为哪一类人，就要学习哪一类人的格局。

这次之后，我都是对客户知无不言。并且，只要是对客户有好处的方案，即便影响到我的收入，我也是要优先告诉客户的。

比如，对于要离婚的客户，到底是协议离婚好，还是诉讼离婚好，都是要优先从客户角度考虑的。在这之后，再考虑到底哪种离婚方式对我的经济收入最有利。

前几天，一位客户来找我，说：于律师，我想离婚，我一定要两个儿子的抚养权。现在男方还在犹豫孩子的抚养权给不给我。有可能的是，只要我放弃抚养费，说不定他就松口了。可是我现在就是太不想面对他了，我们都分居五年了，一见面就争吵，我又吵不过他，一想到和他进行离婚谈判，我就好恐惧，我想直接起诉离婚。

面对这样的法律咨询，如果真的顺着客户的思维走，人家说想起诉，你就给出起诉方案，未必能带来两个孩子的抚养权都归她的好结果。就像明明可以顺产的孕妇，非找大夫要求剖腹产，大夫当时也不反对，就给人家剖腹了，事后人家发现剖腹反倒更疼，说不定就会怨大夫。

这个案子如果打官司，结果很明显：只要男方不放弃抚养权的争夺，女方一定是要不到两个孩子的抚养权的。但女方最在意的不是离婚，而是两个孩子的抚养权。女方生孩子的过程很艰难，而且独自带着两个孩子生活了五年，根本无法放弃其中任何一个。所以，只有协议离婚，才能帮她争取到两个孩子的抚养权。要是我们代理了这个案件，去打官司，经历了漫长的离婚周期，反而"帮"女方丢了一个孩子的抚养权，女方会埋怨律师的。

所以，我们不能光为了挣律师费而做出对当事人不利的事情。

那我是从哪个方面给她出的主意呢？

我说，你的情况，最好的办法就是和男方谈判，直面自己的恐惧，尽量通过满足男方情绪价值的方式，让男方同意协议离婚，让他同意把两个孩子的抚养权都给你。反正这五六年孩子都是你一个人养活了，也不在乎多养三年，等离婚三年后，你起诉变更抚养费，这样才能达到你最在乎的保住孩子抚养权的目的。

虽然我提这个建议的时候，女方也表现出很难战胜自己的恐惧的样子，但是我还是建议她去试试。我给她做了一段录音，针对她的情况，教她谈判的每一句话。让她回家写成文字稿子，反复背诵，然后去找男方。

可以说，我手把手教，把饭都喂到她嘴边了，如果她还不嚼，那就不是我的事情了。

过了两天，她又在微信上问我代理打官司要多少钱的事情了，这个信息让我知道，即便我把饭喂到她嘴边，她也不见得有力气张嘴，不然这无性的、无爱的婚姻也不会拖拖拉拉这么多年还存续。她本身有很多的性格弱点，害怕很多事情，但是我该做的都做了，我问心无愧。这个时候，她再找我做她的离婚律师，起码她也知道，我是个为她好的律师，而不是只看中钱的律师。

这样签约，我们当律师的更踏实，当事人也不会埋怨律师不尽力。

第三节　区分不同客户，选择是否代理

有一天，一个据她自己说身家几亿的女人，第五次找我咨询的时候——有两次还是大老远从外地过来找我，她被老公出轨七八年——我给了她离婚的建议，然后她就跟我翻脸了。她用手指着我，说：于琦，你是不是对我有什么看法，你为什么就不能跟我好好说话？我

再也不想忍你了！

她长得非常漂亮，五十多岁看上去跟三十多岁似的，是养尊处优的富太太。但是她的性格脾气实在火爆，简直不容人家张口，不管我说什么话，她都要想办法抢着说完，但凡我说慢了，一定会被打断。她会用这样的口气说：你别说了，让我来问你，第一，……第二，……

我经常憋得哑口无言，有时候我就请求说：你能不能让我把一句话说完呢，憋死我了。

她老公出轨了，她四五年前第一次找我的时候，我提醒她，未来她老公可能转移资产、做空股权等，我也让她小心防范。她当时是非常不想听这些的，认为我大惊小怪，就算全世界别的出轨的男人都这么做了，她老公也不会这么做。

等一年后第二次咨询，她终于相信了我所有的预言，因为这些预言都成真了。我接着建议她给孩子多买几套房，这是固定资产，而且买在孩子名下，不会在夫妻共同财产中分割。这时候她又开始跟我争，说房产早晚要崩盘什么的。

最后，四五年过去了，她一直不离婚，过得非常拧巴，财产也没保护好，丈夫的心也没留住。她每次都表达，自己绝对不会轻易让位，但是又很痛苦，让我给她建议。我说，我的话重要吗？她说重要。我说既然重要，你是不是也开始考虑一下自己的未来？按照你现在的样子，你不让他们好过了，你自己岂不是也好过不了？

她就是在这时候跟我发飙的，说：你是不是对我有什么看法！说完之后，她还讲，你知不知道我身家几个亿，别的律师都巴结着给我代理呢！

我说好吧，您找别的律师吧。

当然了，我估计她和谁都会吵，所以这就属于配合度非常低的客户，这样的客户代理起来，沟通过程一定非常困难，所以后来我也就不再继续做她的咨询了。

我再举个不同类型的客户的例子，也属于配合度比较低的客户。她不是靠暴躁来攻击我，而是靠眼泪来攻击我。

她是我朋友的朋友，毕竟有我朋友提前给我打招呼，我的咨询费折扣很低，五折，是成本价格。

她跟男方是"假离婚"，当时男方说是为了买房，但实际男方的心思是真离婚，因为他在外头有人了，男方也特意做了财产的平均分配。

后来女方想复婚的时候，男方不干了，女方才知道真实情况，然后她就坚决要求男方净身出户。

第一次咨询，我讲了法律规定，我说其实法律上并没有"假离婚"一说，所有的离婚都是真离婚。你作为成年人，当时不也是稍微想到了他万一不复婚的结果吗？你现在要是想让他重新分配财产，那必须是他自愿才行。

这位客户，就说了句"这法律凭什么这么规定啊"！然后就是哭，呜呜呜，呜呜呜，我只要一插嘴，她就哭得一波比一波狠。结合她之前不满的语气，这哭声似乎在说，好呀，你们这帮坏人，法律也是坏的，我老公也是坏的，立法的人也是坏的，连带你这个律师也是坏的！我是受害者，呜呜呜，你们这帮坏人。

哭得我不知道该接话还是不该接话。

我趁她抽泣的工夫说，你要是想影响你老公，起码要说一些共情的话。毕竟吧，他从法律上没有义务再给你分财产，你在语气上最好稍微理解他一些。比如示弱，说你有难题，让他给你点财产。结果这时候，她又来一波大哭。哭声意思是，我都这样了，你竟然还让我理解他、共情他，你是不是不知道谁才是好人！我凭什么理解他！你怎么不理解一下我呢？

一小时的咨询，我们也没聊到什么有用的方法，只要我一说话她就哭。

前面这两种类型的客户，特别喜欢停留在情绪里，也放任自己的下层大脑去支配上层大脑。当她们总是被情绪控制时，就无法做到理性思考、共情他人等，这样也会让我们律师的工作无法开展。所以建议大家选择客户的时候，也要学会放弃那些配合度比较低的客户。

相比之下，配合度较高的客户，则更容易在诉讼中协助律师做准备。这部分客户有自我认知，能对自己的事情负责任。

下面这位客户是我挺喜欢的一位女士，暂且称她 A
女士吧。

她硕士毕业，从一开始决定跟她老公离婚，自己就
已经坚定下来了，起诉的时候她不纠结不动摇。

她的情况是这样的：她老公是大她 8 岁的博士，两
个人虽然都没有那种致命的婚姻硬伤，比如家暴、出
轨，但是男方性格很极端，超级自恋，根本没法沟通。
女方坚定要离婚，我也支持女方。

所以，配合度高的客户，一般一开始就已经知道自
己要什么了，无须律师给掰开了揉碎了分析。

有很多客户，连离婚不离婚这种事情都要问律师，
这样纠结的人，就算她委托律师来诉讼了，中间还会有
无数次变化的可能，他们遇到任何困难都可能退缩，然
后连带诉讼过程也会受到情绪干扰。

A 女士在诉讼中，知道自己要什么，而且她对法律
问题的期待值也比较合理。

我帮她分析了，她能分得她老公这套婚前房产在婚
后所还的贷款，大约有小 100 万元。但是 A 女士说，我

更在乎的是孩子的抚养权，如果你能帮我把抚养权争取到，我甚至可以不要其他财产，连抚养费都可以不要。

我说，那肯定是不行的，我不仅能帮你把抚养权争取到，还能帮你争取到财产，后者只是多少的问题。如果你对财产的要求也不高，只是以保住抚养权为前提，那我的官司也就好打了，压力不大，我会尽全力帮你争取最好的结果。

案件用了将近两年的时间，双方调解结案，A女士少要了一半的补偿款，在调解中保证了自己得到孩子的抚养权，而且A女士还要到了合理的抚养费。A女士对代理结果特别满意。

从这个案子可以看出来，不同的客户的期待值也不同，期待值低的客户的案子，代理起来更容易。

在我代理A女士的案子的过程中，我也看到了她明显的成长，她爱听我的这些心理学知识，爱和我讨论以后怎么办，和两年前相比也更独立了。

所以，选择客户非常重要，这对我们还有更深远的意义：与相处起来舒服的人合作，能让自己的工作更有成就感，更有幸福感。

第四节　面谈——先做商人，再做医生

我问大家一个问题：第一次面谈时，我们律师，到底是更像商人，还是更像医生？

如果你的回答是医生，那有可能你无法挣到太多钱。经常有人把律师比作医生，似乎我们从事的也是救死扶伤的工作。

可是，医生有稳定的收入啊，律师的基本生活谁给提供保障呢？

我倒是觉得，签下来代理合同后，律师对客户来说才更像一位医生，好比医生给病人风险提示，出具最好的治疗建议，还要和病人沟通，让病人更快、更好地康复。

但是，在签约之前，我们还不算真正的医生。我们要先把客户留下，他们决定委托我们之后，我们才有资格给人家治病。

因此，如何留住客户，报一个合理的价格，既不至于吓跑客户，又不至于自己吃亏，这很重要。所以我认为，签约前，我们更像商人；签约后，我们更像医生。

既然要先当商人，就要学习商业世界的法则。

怎么通过小的试用品，吸引客户来面谈；怎么给客户情绪体验，让客户念念难忘；怎么提高自己的业务水平，让客户为你支付溢价；怎么让客户支付费用后，对你提供的服务有超预期的体验。这些，都是当商人的我们要学习的。

律师收费的报价，要看几个方面：律师的个人品牌、标的额大小、案件繁简程度、工作量大小、客户相处难度，等等。

其中大家都知道的几个方面，如标的额大小、案件繁简程度、工作量大小，我就不讲了。我想说的是往往被大家忽略的，实际上却是最影响报价的因素：律师的个人品牌、客户相处难度。

通常情况是，律师的个人品牌越响亮，报的价格就越高，其中的道理非常简单：这个客户不签约，还会有下一个客户签约。律师的时间是独占的，出售给了这一个人，就无法出售给另一个人。当一个律师的品牌足够硬，有一堆客户等着签约的时候，如果眼下的客户拼命讲价，或者嫌律师报价太高不想签约了，律师可以果断放弃这个客户，而非用降价的方式挽留他。因为比起挽留，律师的时间可用来开发更多新客户。

相比之下，如果一位律师的个人品牌很一般，或者几乎没有品牌，那他只要遇到有签约可能的客户，就会想尽办法留住他，这就很可能需要用降价等方式表达签约诚意，以尽量挽留这个客户。

除了降价的方法，还有其他方法帮你提高签约率，比如中间人给你介绍个案子，你怕客户跑单，就先不收咨询费，当面接待了客户，然后见面的时候给报了个价格。后来客户好几天没有联系你，你心慌了，就给中间人去个电话，问问客户是不是嫌贵了才没有回应的，如果是价格问题，你还会和中间人说可以打折，这样两头都有面子。

或者，你还会主动给客户打电话，询问一下人家为什么不签约，在考虑哪些方面，价格还是其他什么。或者，你在客户走之后，主动给客户发一个案件代理的方案，用文字的方式，给客户总结一下咨询的重点。

很明显，以上这些方法都挺辛苦的。

如果律师品牌足够硬，不愁客户资源，这个时候，假如客户不好相处，就可以直接拒绝代理，或者提高报价，把陪伴价值、情绪价值都计算到报价中。因此，努力提高品牌价值，可能提高收费标准。

我们来模拟、梳理一下比较商业化的签约过程。

一般情况下，律师和助理一定要提前十分钟到会议室。因为有的时候，客户本身就提前了十分钟，如果律师和助理卡着点来，会显得很匆忙，效果会不好。在此之前，可以先把会议室约好，倒好水，摆好笔记本、笔，或者计算机。这样保证会议室的门不被反复推开，以尊重客户隐私。

也可以先让助理见客户，由助理来大致介绍、宣传一下：比如于律师的咨询很难约的，她是业内知名的婚姻律师，代理了十七年的婚姻案件，您见她一次是非常难得的。像您的情况，于律师那里是有很多的类似案例的。

主办律师进入会议室，坐下后，简单寒暄一两句，开始询问，先由客户讲述案情。如果客户不知道从哪里开始讲，律师可以做适当的引导。比如：今天来是希望律师帮忙解决什么问题？谁想离婚？想协议离婚还是诉讼离婚？双方谈过吗？矛盾在哪里？然后，可以由律师梳理一下时间轴。

咨询完毕，如果客户还要思考是否签约，而咨询时间也到了，律师本人就要离场，助理可以试着和客户说：您的顾虑主要是哪些？是价格的问题吗？

此时，助理可以继续说：从于律师的角度来讲，今天给你的代理费报价打八折，已经是非常低的了。如果这时候客户和助理谈了谈，还想降价，助理可以说：这样，我去和于律师商量一下，看还有没有空间。等助理和我碰面后，再折返回去，对客户说：于律师从来没有给过这么低的折扣，现在又给您降了一折。如果客户也同意了，就可以让客户先支付定金入律所账户。

如果有了合同，还要给当事人阅读重要合同条款。

阅读重要合同条款是我在买房的时候学习到的。正规的中介机构会毕恭毕敬打印两份合同，其中一份递到买家面前；另一份他们拿来阅读重要条款。

第五节　倾听、引导、提问方法

有一位客户，她来之前，我找到三年前她就找我咨询的记录，发现我当时就教了她好多离婚的谈判技巧，但是我没想到她竟然拖了三年都没有继续咨询，可见她是位回避型的客户。我立刻决定，这次我要少说话，少给建议，让她自己去寻找解决方法，因为对这种不爱面对困难的客户而言，不论我给多少建议，都是白费口舌。

果然，这位客户说她想离婚，三年前就咨询过我。她说她对这段感情已经不抱有希望，但一直没提离婚，因为担心她的丈夫会报复，纠缠她和家人。男方的体格很大，体重两百多斤，身高一米九，在体力上有绝对优势，因而她不敢提离婚。现在男方打算和她分居了，但还是没有提出"离婚"这个词。其实她内心是非常想离婚的，也想借着分居的机会提出来。但她还是恐惧，恐惧男方的暴力行为。

这位客户有一个 5 岁的孩子，由外公外婆带，目前男方一周看两次孩子，以后争取抚养权这一点也没啥问题。

听她说完，我就开始发问：对于自己的恐惧，你自己能做点什么或者说点什么来减轻这种感觉吗？

她说：比如在分居前哄着男方，肯定他，表现出诚恳，他比较吃这一套；或者找别人跟他聊；当他有暴力威胁时我会报警，录音。于律师，你觉得这个方法有用吗？

我又问：那为啥不等分居后，他搬走了再约他在外面聊呢？

客户说：我认为在搬家前聊是最好的时机。因为我觉得男方主动提的分居，可能会有愧疚，会更好谈。我决定就在封闭的环境里面对他，我做好了挑战自己的准备了，你放心。

我又发问：为什么要在搬家前，在封闭的时间和空间挑战你的恐惧？

客户说：怕男方以后不见我了，我也约不到他。他不愿意去家以外的第三方场所谈话，所以我宁愿环境封闭点，只要我勇敢。

我接着又问：既然你已经决定了谈话的时间和空间，那面对自己的恐惧，你还能做点什么呢？

客户说：我可以选择告诉朋友我们谈话的时间和地点。告诉妈妈，他找你的话，别给他开门；避免男方去骚扰我的家人；随时做好报警的准备。

还有一点是，我不知道男方有多少钱，我想通过谈判争取财产和孩子的生活费、学费。

我又问她：你在言语上，说什么能打动他，让他多给你一些财产呢？你要从现在开始换位思考，进行角色切换。如果你是他，你想听自己的老婆说什么？注意，是要思考他想听什么，而不是你想说什么。

这位客户启动了换位思考模式。当然了，这很难，她经常会思考思考着就到了自己的角度，但是我为什么不直接教她怎么说，而是非逼着她自己去换位思考她老公想听什么呢？

第一个原因是，这位客户连离婚的决心都这么难下，无论我教了她什么，都不一定能派上用场。第二个原因是，从客户的角度出发，只有她心甘情愿地想说给老公的话，才有可能在离婚谈判中表达出来，如果是我教她的，她会因为委屈而说不出口，觉得似乎是自己在满足对方的情绪价值。

终于，客户经过思考后，开始站在男方立场，说出了自己要对老公说的话。

一是感谢。对男方表示感谢：这一段时间在我生命里有重要的意义，我们有婚姻有孩子，你对我父母也有贡献（我提醒她，要多加细节，加上那些小事件和小的瞬间，这样的话才能让人感到真诚）。感谢你能让孩子上国际学校，家里开销的大头是你提供的。感谢你一直鼓励我健身，让我保持好的状态。

二是认可。因为男方坚信，两年之内，他的事业就又能提升一个档次。男方想听的话是：我觉得你行，你有这个能力，以后事业肯定能特别好。你又有魅力又热情，让人感觉有安全感，也很有异性缘。

三是道歉。我要自省，我一直没有太尊重你，那天我说了什么话，做了什么事儿（细节才能表现道歉诚意），我不太尊重你。最近一年我爸爸得病了，我就不太顾自己的小家了，对孩子的教育也没太上心。

说到这里，客户觉得太委屈，说不下去了，因为她认为婚姻走到今天，主要过错在男方，她不想自己去道歉。

我就安慰客户说，我知道你很不舒服，凭什么要你去道歉？但是，毕竟你是想通过说点什么话，让他多分你点财产的，想明白自己的目的，就不会委屈了。

试想一下，在你们的谈话中，男方会给自己的出轨找什么样的看似合理的理由？比如把责任推到你身上，比如你不信任他，所以他才出轨；因为不和他过正常的夫妻生活，所以他才出轨。

客户想了想说：好的，我对于自己一直拒绝和他同房表示道歉。

四是示弱。我们婚姻的样子和我预期的差距很大，我希望有一段忠诚的婚姻，而我对我们的婚姻目前已经失望了，我坚决要离婚。但是我的经济收入比较低，如果你能看在我们一起这么多年的份上，多分我一点财产，我和孩子会很感激你，我也会好好带我们的孩子。

客户和我模拟完以上步骤后，又说：男方多次说我总说自己经济困难，是在哭穷。我可能要不到多少抚养费。

我接着说：协商就是双方由两边往中间凑的过程，最后达成一个双方都能接受的结果。虽然协商了也未必有结果，但我们总要试一试。

客户说：于律师，我还是害怕、恐惧，怕冲突。

我又一次问：你的首要目标是什么？

客户说：是离婚后有自由，有机会找到适合我的人。

我说：但是我似乎感觉到，你还有另一个目标，就是避免冲突、回避冲突，如果这两个目标矛盾了，你会选择哪个呢？

客户思考良久，终于知道了要为自己的选择负责。

第六节　面对面咨询

下面，我直接记录一个案例，向大家介绍一下我提供咨询的过程。

客户：于律师，我俩还没打算离婚，但我想做婚内财产协议。

我给你讲述一下我家的情况，男方非要炒股，已辞去外企工作，专注炒股。你知道这几年股市的情况，非常之差，我们已经赔了百分之二三十了。他属于躺平型的，我们原来为此没少吵架，现在为了青春期的孩子不吵了。

我们中间为买房"假离婚"过一次，房子在男方名下，这套房子价值最高两千万吧，除此之外，家里还有套小房子，就不值什么钱了。

另外有现金两千万元，大部分在男方股票账户里，少部分在我名下。

我们双方达成一致，不管婚前婚后，所有财产女方拥有80%，男方拥有20%。我是担心北京的那套大房子，它是男方婚前财产，剩下一点贷款，但是不多了，我很怕被男方自己处理掉。

而且我不懂股票，也担心男方有什么操作。毕竟是现金流掌握在男方手里，我怕他转移财产什么的。

于律师：你俩是已婚状态，即便是他婚前的房子，也不能单独卖房，还需要拿你的身份证原件一同办理手续。

你如果担心他私下卖房，我给你三个办法：（1）跟租客打招呼，别让人来看房；（2）上二手房看看自己的房子有没有被挂出来售卖；（3）把贷款还清，把你自己的名字加上。尤其是第三个方法，是妥妥的，加名同时最好在房产证上写上女方占80%，男方占20%。

无论如何，都要签夫妻财产约定，但这房子是男方婚前的，所以在法律上有争议，即使签署了协议，也是可以撤销的。

股票也是一样，等股市回暖，你直接让他把股票的80%转到你的账户里，就相当于房产更名一样，直接解决了。目前先签夫妻财产约定就对了。

客户：于律师，我还有个担心，我担心他外面有人，我曾经问过他的，他死不承认，我又不想揭穿他，你说没必要揭穿他吧？

于律师：你担心他外面有人，你先客观判断第一个问题——这人以前怎么样，他出轨的可能性高不高？

再思考第二个问题：有没有必要去抓现行？你的时间、精力、金钱投入是否值得？

客户：他肯定是有迹象，我才担心的，可是我不能提这茬儿，我怕提了，反而会导致我们离婚，我现在还不想离婚，我要给孩子一个完整的家。

于律师：女人啊，总拿孩子说什么事儿？一个幸福的单身妈妈一定比一对假装恩爱的夫妻好。又不是孩子不想你们离婚，不想离婚的是你，任何一段不想结束的婚姻，对当事人而言都有它的价值，你是贪恋这段婚姻的价值才不想离开的。

听起来，男方还有照顾孩子的价值，还有一定的情绪价值，你在情感上还依赖男方。

客户：是的，是我不想离，我觉得离婚后，我的确无法一个人面对生活的很多困难，尽管我很能挣钱，但没人帮我带孩子。

于律师：很多人的弱就是自己想象的弱。

比如你离婚之后，他就不管孩子了吗？有很多事情，其实都是能解决的。比如，他在附近租个房子，也能继续照顾孩子。

是你想维持这段婚姻，表面上说是为了孩子的学习和情绪稳定，别把锅甩给孩子。因为如果你委屈了自己，孩子也会感觉得到，这样，孩子长大之后你会跟他说，曾经你为了他委曲求全，以后让他拿什么还你？你只有想明白了，你是为了自己不离婚，这样才没有那么多怨气。

客户：是的，其实我除了是因为孩子不离，还有为了保护我的羽翼、我的社会评价不敢离婚。

于律师：这样的说法就更客观了。你如果决定要维持这段婚姻了，是不是就要考虑好好经营一下婚姻，改善双方的关系？

客户：我觉得很难改善，我们俩是经济上的价值观不同，比如我不让他炒股，他非要炒股；他躺平，我奋斗，怎么妥协？

于律师：是。对于奋斗的人，不让你工作你也难受；对于知足的人，硬逼着他上进他也不舒服。可是，一个家，是不允许有两套截然对立的价值观存在的，为了价值观的统一，俩人都得往中间凑。他上进点，你躺平点，不然只会越来越远。

客户：除了躺平，我觉得我没有什么能做的了，你觉得呢？我和他之间最大的问题就在于我担心他出轨，你说我是不是要加强监督力度，让他尽可能多地给我安全感？

于律师：安全感来自两个围度。第一，他以往的做法给了你多少安全感。第二，你自己缺乏多少安全感。在他做什么的层面上，我们只能请求，但无法强制或者监督。但在你自己的层面上，如果一个人一直在给你安全感，但关于他的任何风吹草动都让你不安全，那你是不是就要思考一下，如何改善自己的心理状态？

客户：我也咨询过四位心理医生，共十几个小时，但是毫无用处，我现在放弃了。

于律师：多年的问题，你想用十几个小时就解决？你活了将近五十年，努力学习的话，也许十年、二十年之后可以有所改变，但是改变都是螺旋式上升的，走了一百步，可能又退后九十五步，怎么能说咨询了几次就会发生质变呢？

只要你不轻易放弃，就算你以后想跟他离婚，也不妨碍你以这个男的为对象，练习相处，这对你未来的生活有好处。好好经营当下的关系，你自己也会舒服。

客户：我不知道该如何和他沟通我担心他出轨的问题，其实他也担心我出轨，我们一交流就吵，你能给我说说吗？

于律师：人与人之间的沟通、交流有几个层面，这几个层面是一层比一层深入的。

第一个层面是谈事。就好比，你和单位的财务人员，也许说过很多话，很熟悉，但永远不会成为知心人，因为你们只是在谈事情。

第二个层面是谈观点。比如谈论一篇文章的观点，谈论一部电影传达的价值观，这时候大家就开始表达自己的人生观了，很多所谓的朋友，也只不过交流到这一步就打住了。

第三个层面是谈感受。这就已经是很多人不想触及的了，我们坦诚地谈论我的舒服和不舒服。比如，上次你怎么做得不对，我怎么做得不对。你这种做法，让我觉得不被重视了。比如，那天聚会你没叫我，我很难受，我感觉被孤立了。好朋友可以解释说，那天是这样的，不是为了孤立你。这样，你们之间的结就解开了。

当然了，谈感受不能只说不好的感受，也要肯定他带给你的好的感受。比如你那天跟别人吃饭提前告诉我了，我觉得安全多了；你问我去哪儿见客户，我感觉自己被你重视了。你给了他这样的正反馈，以后他就更愿意给你好的感受。

第四个层面是谈需求。谈到这一步，就更深入了，其实很多夫妻，一辈子都没有好好谈过需求。就像我好希望你能怎么样对我，我有哪些需要，我需要被陪伴，我需要被你重视。具体化一些就是，你做什么（列举出三个他能做的具体事件），就是对我的重视。比如你可以和老公说：我好希望你只跟我一个人倾诉，希望你删了那个女人的微信，希望你出门吃饭时都跟我说一句……这让我放心，让我觉得我对你很重要，让我觉得安心。我多希望你好好爱我。

但是，还是有很多人不敢表达自己真实的需求，是因为怕被拒绝。比如你说出了希望老公做的事情，他说他就不做，你多尴尬？因此才有很多夫妻，只有在吵架的时候，才敢些许谈到自己的需要，而且是用指责的方式，比如说"你从来就不知道抱抱我"！其实，如果我们能好好表达"我多希望你每天晚上睡觉前抱抱我"，这样是不是更容易得到满足？

当然了，表达了需要，并不是说对方就没有拒绝的权利，你要给对方拒绝你的自由，否则你就不是表达需要了，而是表达命令。你可以说"我提出的这几个重视我的方法，不论你能做到哪一个，我都会非常感谢，就算你不能做，我也会爱你的"。

不过别忘了，人家以后满足了你的需要的时候，你也要适时地去感谢和好好反馈，否则人家的付出没有被看见，以后怎么有动力坚持呢？

第五个层面是谈脆弱。比如这样说：那天，我说出那样冷漠的话，其实是我在说反话，我真正想表达的是，我是多么害怕失去你，我是多么想跟你在一起一辈子。我一想到失去你，就心痛到没法睡觉，我其实是个很怕孤独的人，我很无助，别看我四十多岁了，但被你拒绝的时候，还是会像一个想要妈妈抱抱的小孩子，请你原谅我的脆弱。

这些都是人与人一步步靠近的方法。现实却是我们很难说真话，很难做真正对改善关系有用的事情。

客户：你说的这些话，我曾经也都说过的，比如吵架的时候也说过，但是没有用。我怕再多说，惯坏了他，让他更觉得我离不开他了。

于律师：说过又怎么样呢？你十年前给好朋友送过礼物，现在就不送了吗？爱是需要不断表达的，沟通是要持续的。

你总是为了维护虚伪的"自尊心"而假意推开对方，以为这样显得自己更强大，其实强大的人，只会为了自己的需要负责，越是能屈能伸的人，才越是关系里的强者。

客户：可是，如果我请求他来满足我，他就是不做呢？

于律师：那你就要提高被拒绝的耐受力了，你表达了十次，五次被满足，五次被拒绝，要看到被满足的五次，那你就赚到了。但如果不表达，零次满足都没有啊。

第七节　走近他人的方法

在律师的执业过程中，一方面，要警惕职业的风险，另一方面，也要适当把握和客户的距离。

具体做起来大致就是：合同好好签，发票好好开，这样绝大部分的担忧就没有了。其余的，客户的所有不满意，都是情绪的不满意，有可能是因为我们自己做得过分了：比如承诺能打赢官司，之后客户发现律师只是说大话；比如不作为，从头到尾不怎么跟客户联系，总是让客户找我们。

如果我们把输赢风险提示到位，就算有些官司输了，只要让客户看到我们已经尽心尽力了，客户多数是可以理解的。

那话题来了，律师和当事人之间的距离，到底怎么把控比较好？

到底是和客户亲近一点，还是疏远一点？要和客户交心吗？要在客户面前适度暴露自己的内心吗？

我只能说我自己的做法：第一步是选人，选择合适的客户交心，选择更合适的客户更亲密地接近。

先说选人吧，有些客户真不适合交心。这种客户就是你说什么他都跟你抬杠，交流起来太费劲了。还有那种把配偶折腾得很惨的，用尽险招对付自己的配偶的。这样的客户，从一开始就预示着交流的难度和办案的难度。

除了上面两种客户，一般情况下，我选择的客户就好相处多了，咨询中我会陪伴、倾听，也会展开我自己，暴露我自己的脆弱。经常是刚刚认识一个多小时的客户，就已经觉得和他成为很好的朋友了。

所以面谈，最重要的意义之一就是表现出真诚，人与人之间最近的距离就是真诚。

第六章
代理与收费

律师的收费标准，会受很多因素的影响。

首先，要看律师所在的城市。大城市的收费相对较高，其中北京律师的收费一般会更高一点。

其次，要看律师的品牌效应和专业水平。就像同一家医疗机构的同一个治疗项目，找不同的医生做还会有不同档次的报价呢。

我之所以敢报一个比别的律师略高的价格，是因为我对自己的服务态度和专业水平很有信心。很多客户见了我以后说，我颠覆了律师给他们的感受。以前他们觉得律师冷冷的，没想到我懂心理学，还很关心他们。所以，就算多花点律师费，他们也愿意请我。

最后，律师报价也要考虑自己的时间和精力。比如春节的时候我比较闲，费用就会打折；夏天我比较忙，就没有折扣。这个很好理解，如果案子多得忙不过来，当然要提高报价；如果一年到头都没有案子，就要考虑适当降低报价。

报完价之后，怎么才能避免客户讲价？

想让你的客户不讲价，最好让他先成为你的粉丝，不论是通过听课、看文章还是看视频等渠道，先让他们对你有初步的了解，这样不仅成交的可能性大，讲价的概率也会降低。

此外，在电话咨询和面谈时，你的解答要满足客户的需求，尽快和客户走近，这样可以加深客户对你的认同，也可以趁热打铁直接签约，也就会在一定程度上避免客户讲价。

第一节　咨询费收多少合适

我给自己的咨询量定的标准是每天平均接两个咨询，毕竟平时还有很多其他工作，开庭、写书、讲课等。所以，我们也可以按照这个标准来定位自己的咨询费，如果咨询费太高，一天的咨询量就达不到两个；如果咨询费太低，一天的咨询量就远超过两个，那咨询费就应该提高。

我收的咨询费，除了是咨询本身的对价，还可以作为代理费的定金。我在咨询中就会告诉客户，你的咨询费用，会在接下来的代理费用中作为定金扣除。

大家不要小看这 999 元的咨询费，相比于代理费来讲，好像是九牛一毛。但在客户心里，只要能抵扣掉，就会有享受到优惠的感觉。客户会觉得，如果找了这位律师代理，就可以把上次花的咨询费赚回来了。

包括前期委托起草离婚协议的客户，因为已经花了几千元的费用，后续就更可能找我代理诉讼。

根据其他行业的营销经验，可以先让客户在我们这里小额消费，初步建立信任，这就像给客户试用品，有助于以后大额交易的成交。

经常有律师因为担心咨询收费不合规而不收咨询费，这大可不必。咨询费照样可以入律所账目，咨询费照样可以开发票给客户。

第二节 代理费怎么收

01 高额代理费用分几次收取合适

一般情况下，代理案件的时候，我会先看标的额的大小，就是一方能分到或者想分到的财产有多少。

先说我的起步价。如果案件标的额太小，核算下来代理费比起步价还低的，我就直接按照起步价走了。比如一审第一次诉讼和一审第二次诉讼，全包的 12 万元，如果只走一次诉讼就有折扣。

达到起步价了，再看具体的标的额，这个就按照北京市律师收费指导价来走。根据具体情况适当给予折扣。

代理费可以分次收取。第一次，签约的时候收40%；第二次，开庭前再付一次；半年后，也就是约一审第二次诉讼前付清全部。

如果再安排个胜诉后付多少，那就不叫分次付费了，那就叫风险代理了。离婚案件，目前还不允许风险代理。

02　开庭前客户和对方和解了，怎么退费

婚姻家庭案件有各种变数。比如起诉前收了律师费，帮忙和对方一顿沟通，但是还没提起诉讼，双方协议离婚了。这样的话，律师费怎么退？我一般按照实际付出的时间和精力来收取费用。毕竟是没有起诉。

比如，刚刚提起诉讼，立完案了，双方自己协议离婚了。这费用怎么退？这种情况下，我会提前明确说，正是因为我们帮您起诉了，双方才和解得如此容易，所以起诉在中间的作用非同寻常，一般只能退一半费用，最多退三分之二。

如果是开了庭，在法庭上和解、调解的，就直接按照第一次诉讼开庭判离计算费用。以上几种情况，也可以写入合同，约定好诉前和解、开庭前和解分别收取多少费用，以避免退费的发生。

如果第一次没有判离，两次离婚诉讼期间，我会帮助双方谈判、调解、和解，一般就不再收取第二次起诉的费用了。

03　帮助客户谈判

谈判一般分两种情况，诉前谈判和诉中谈判。也有很多律师咨询我要不要承接谈判的业务。

我的标准是这样的，诉前谈判的话，也是分情况的：委托我代理诉讼，我就帮助谈判；不委托我代理诉讼，我就不帮助谈判。

原因很简单，因为如果不起诉，一般情况下对方也不会见你，也不会接你电话，或者谈完了对方完全无反馈。那这种情况下律师怎么办呢？完全按照咨询收费的话，还不划算。

我从业这么多年只帮助人诉前谈了几次，大部分效果都不理想。

一次是女方和男方"假离婚"的，从法律上讲女方其实啥都要不回来了，只能委托律师谈谈试试，结果男方不接我电话，我到了男方工作单位的楼下，男方也不同意下楼见面。

还有一次是，我接了第三者的咨询电话，这个第三者希望我帮助男方离婚。因为两个人不是利益共同体，男方一开始决定哪怕给妻子多分，也要快速离婚。第三者却认为，如果给女方多分了，以后她和男方就无法保证生活水平。这就导致我的工作非常难做。

这种案子，律师费都是男方支付的，但每次男方谈完了也都要我给第三者另行汇报一次，我的工作量就要翻番。后来，男方终于开始考虑起诉了，诉前说要委托我和对方律师谈判一次，我是认为马上要起诉了，才给去谈一次试试的。

接着我就见了对方律师，结果对方律师给我大讲道德观，似乎想让我替男方感到惭愧进而道歉。对方律师说她的女当事人非常纯洁，一生只跟过男方一个人，男方如果和第三者这样的人结婚，女方就让她们的儿子去闹婚礼现场，白刀子进去红刀子出来。所以，对方律师请我转告男方，女方一定是要家庭的全部现金财产，外加两套房，每套价值一千多万元。而且还要男方的道歉。

我一看这情形，没得可谈啊。双方的要求差距太大了——无果而终。最后男方听说女方要闹他的婚礼，又不敢起诉了。这样，我们就结束了委托关系，我只是适当收取了劳务费用。

还有一次，诉前谈判起到了一点作用。这个案子是这样的，男方在国外好几年了，女方一个人生活在北京，住合租房。双方的孩子放在男方的老家，由爷爷奶奶帮助抚养。男方本来是想起诉女方的，后来发现女方在北京也没有办理暂住证，没法在北京起诉，只能在外地起诉，周期要很长。男方想，趁着自己春节回北京的那段时间，让我帮着谈谈试试。

男方把女方约在一个饭店，环境比较安静。前半段男方自己跟女方谈，男方说的都是我给男方写好的稿子，就是关于离婚的决心，以及对女方价值的肯定，然后男方突然道歉说：对不起，我没跟你打招呼就带了律师来，你看你愿意和她聊聊财产的话题吗？

就这样，我就出现了。其实一开始女方是挺尴尬的，不过她很快就决定和我聊，我很高兴。

我和女方聊了一小时，前半部分主要都是听她倾诉，毕竟她也有一肚子抱怨，也想找个人发泄，只是不知道找谁。这时候我就一定要听完，而且要呼应她。

等女方倾诉完，我又说了自己对这个案子中立的建议和看法。这样女方稍微能听进去一些。又过了很久，大约几个月，双方微信上不断来来往往地谈，终于去领了离婚证。

有了几次这样的教训，后来我决定，不再代理任何单纯找对方谈判的业务，除非决定起诉了。在起诉的前提下，我才可能顺便和对方谈谈试试。

第三节　客观定价

经常有律师问我，我想要接这个案件，我收的律师费已经很低了，可是客户还是不满意，他就想找最便宜的律师，我该如何是好？

我的回答是：看你自己处于什么阶段。

年轻律师在刚入行的时候，或者说在经济条件还不是很好的时候，为保证经济收入，难免委曲求全，降低收费标准。但随着收入的增长，我们可以慢慢区分哪些工作是我们更喜欢做的，哪些客户是让我们相处起来更舒服的。这时候我们可以更多地顾及自己的感受，选择自己喜欢的工作和客户。这也是一个人慢慢成熟的过程。

比如我，我接的第一个案子，明知当事人难沟通，也还是接了，而且只收了 2000 元代理费。实质上明明是我们赢了，因为我的当事人是被告，原告撤诉了，这位当事人就觉得是律师没起到作用。

结果，这 2000 元钱，事后当事人还不断讨要，说我只是开了个庭而已，对方是自己撤诉的，律师没有帮上什么忙，所以要退费。

当然了，后来虽然一顿闹腾，我也还是没退费。

其实，从接这个案子的时候，我就感觉到这个当事人不好相处了，但是凭我当时的能力，能马上签到好相处的当事人的案子吗？ 2000 元也是钱啊，对刚入行的我而言，也是基本的生活保障。

还有一次，是十多年前了，我终于算谈了个挺大的案子，是我在国学班认识的大姐给介绍的，代理费报价 13 万元。当时我刚做婚姻律师不久，对这些专业知识，真的是不太精通，我随意承诺说，重婚罪挺好立案的。我很快就把案子给立了。但后续的费用，当事人却说什么也不给我了。原来当事人又找了其他律师，她认为重婚罪很难立案，当事人怕案子被我这个小律师给耽误了，就决定辞了我。后来我们自然是解约了，我也只收了一点点费用。

我讲这个故事是想说，我们都不是从一开始就精通专业知识的，尽管我当时有人脉，但依然因为没有金刚钻，没法揽到瓷器活儿。

所以，有时候大家也要扪心自问：你的水平，配得上那么高的律师费吗？

你的经济实力，允许你随意报价，不担心客户跑单吗？

如果没有肯定的回答，那还是踏踏实实提升业务水平，同时扩大案源数量，不必担心一部分客户的流失，进而根据自己的实际情况报价才是最现实的。

第七章
说服、打动法官

和其他案件相比，婚姻家庭案件涉及的法条比较少，法官的自由裁量权也相对比较大，很多法律没有明确规定的问题，都取决于法官的自由裁量。

我代理案件后，都会全力以赴地准备法庭发言稿，手把手教客户在法庭上怎么说。同时我和客户也会打好配合，争取联合打动法官。

第一节　法官才是被说服的对象

在法庭上，让法官认可自己和当事人，是非常给当事人加分的行为，也是能较大影响法官自由裁量权的事。

在法庭上，其实法官才是被说服者，我们能控制的，是我们这一方的表现和说服技巧发挥得如何，因为最后如何判决，主要是法官的事情。

在法庭上还有个角色——对方当事人。他并不是被说服者，他只是个参与者。就好像是辩论赛的对方辩友，不管他表现得好坏，决定胜负的都不是他。

关于这一点，很多当事人都没想白，甚至还会剑走偏锋，就好像来法庭是为了让对方当事人认错，总想在道德制高点上胜出。哪怕法官已经明显表现出对自己有利的倾向，只要对方当事人嘴硬，说话气人，自己就还是不解气，不说服对方死不罢休。

殊不知，我们是永远无法说服对方的，一只狼能说服一只羊吗？即便是一只羊，也说服不了另一只羊啊。两个人先天的立场就是不同的，否则也不至于走到离婚的地步了。

因此，我们要牢牢嘱咐我们的当事人，开庭不是来说服对方当事人的，而是来说服法官的。

法官才是辩论赛上的评委。

我之前参加的辩论赛赛前培训，让我印象最深刻的一句话就是：发言，脸要面向评委，你只要能打动评委就行了，你不是来说服对方的，你也说服不了对方，因为对方先天就是要维护和你相反的立场。

有时候法官会低头整理案卷，不看着我们说话。这不要紧，他是怕他的点头、摇头、皱眉等动作会透露他对案件的看法，我们继续说就好了，我们的发言法官都能听到。

第二节　把法官当客户

律师一定要给当事人介绍一下法官的工作状态。

比如北京朝阳区、海淀区的法官，一年要接 300 ～ 500 个的案子，这个工作量，相当于每个工作日上午开一个庭审，下午就要出判决。而且还有很多案子要开两次、三次庭。如果都是婚姻的案子也还好说了，就怕那些工程的案子、涉及评估的案子，这些案子的证据都厚到用拉杆箱拉。

所以，我们要理解他们有时不接电话，理解他们判决出得慢，理解他们打断我们啰唆的发言……

就像特别繁忙的医生，你能期待他在忙得脚打后脑勺的情况下，还停下来耐心为你排解情绪？这是非常难做到的。

所以我经常告诉当事人，要像体谅客户一样，体谅法官的难处。

具体而言，我们律师要在以下五个方面配合法官工作，给法官节约时间，就像给客户提供优质的服务一样。

首先，法庭发言方面，力求简练，有事说事，不要搞人身攻击。

等到第二次、第三次开庭，不要期待法官记得案件的每个细节，我们可以再用最简短的语言重复一下案情。

法庭的发言，话多不一定有用，无谓的啰唆重复却一定会引起法官反感，这也是有些律师发言总被法官打断的原因。

那些没用的废话别说。比如离婚法庭，常常见到有的律师在那讲完全没证据的鸡毛蒜皮的婆媳矛盾，这些分不清对错，也没有证据的事情，建议就别拿来叨扰法官了。

说得极端一点就是：你的话越多，能被记住得越少。

如果担心话太少会影响客户感受，尤其在对方律师很多话的时候，你要跟客户先解释好，对方律师的很多话，法官都当耳旁风，说了会比不说差劲。也就是好钢要用在刀刃上。

发言的时候也别总上纲上线谈道德问题、感情问题，尤其是站在道德高度抨击对方当事人，这样不仅有失风度，还有可能给法官造成负面印象。作为律师，说事实和法律方面的问题就够了。

不攻击对方当事人的人格，即使被对方激怒，我们也要保持职业风度。

我曾听对方律师说过这样一段话：女方买最贵的婚纱，酒席也办得很有排场，钻戒也很贵，总之就是造钱，在女方的眼里，只有钱钱钱，女方就是个爱财如命的女人。

这样一段话真的太不该从律师嘴里说出来了。后来的事实证明，这个律师也并没有得到他自己客户的信任，他的客户中途更换了律师。要知道，想借着我们律师的口辱骂老婆的人，一般都不是什么高端的客户。

帮客户去辱骂对方，这是非常愚蠢的做法，被辱骂的对方客户，也会把一腔怒火撒向律师，这时很容易发生律师被对方当事人人身攻击的情况。

法庭发言是对事不对人的，人家两个人在婚姻中的对错，律师不要妄加评价，很多夫妻离婚，不是一个人的错，连法官都不应该评价别人婚姻的对错，更何况律师。

其次，取证方面，尽量少麻烦法官，帮法官节约时间。

如果律师可以自己去建委取证，获得对方当事人的房产信息，那我们就代替法官去；如果当地银行接受律师去调取银行流水，那我们也可以代替法官去。至于我们这一方当事人的银行流水，如果法官要求出示，就一定要说服自己的当事人配合出示，别逼着法官去调流水，徒增麻烦，这一定会让法官反感的。

再次，法官让做的事情，要保质保量按时完成。比如第一次开庭，法官让我们提供什么证据，下次开庭就记得都打印齐全带来。

我自己就代理过一个已经第二次起诉了，法官还不给判决离婚的案子。我的这个当事人，属于非常情绪化的人，总是觉得自己是受害者。第一次开庭，法官在庭上说让我的当事人准备证据，证明房产的确如她所说是自己的婚前财产，而不是像男方说的，是两个人婚前一起出钱买的。法官让我的当事人出示购房合同、购房资金来源的银行流水。直到第二次开庭，我的当事人也还是坚决不出示。她认为，法官是在羞辱她，凭什么购房时间明明是在婚前，她还要自证清白呢？

无论法官和我怎么跟她解释，她都觉得法官是针对她的。她坚信法官就是对她有看法，或者被对方收买了。

　　后来她跟我说，出钱购房的人其实是她爸爸的情人，所以她不情愿她爸爸的事情被男方在法庭上看到，但是这些证据出示与否事关房产的归属，她不出示证据，最后法官干脆就不判离婚了，这样最省事。反正法律也没规定第二次起诉就一定要判离婚。

　　又次，文书写作方面配合法官。

　　这方面的配合主要是指文书简洁，方便法官梳理案情。比如答辩词、上诉状，可以用男方或女方的名字的，就别写成上诉人、被上诉人——搞得乱作一团分不清楚。

　　再如证据目录一定要有，而且要简洁明了。离婚案件中原被告的证据很相似，法官很容易搞混，所以证据目录上最好写明白，这是原告或者被告谁谁提供的证据。

　　最后，适当照顾法官的情绪。

　　法官也是人，理解、体贴的话，谁不爱听呢。

　　比如，背对背调解阶段，法官要单独劝当事人，这时候很多当事人觉得既然对方不在了，就放松了，随口乱说，而且经常不管不顾地诋毁对方。他们不知道的是，这个阶段说什么太重要了。

就律师而言，可以对法官的压力表示理解。比如刚才当事人说了很多没有分寸的话，当庭气到法官了。作为律师可以代表当事人道歉，让法官知道，他不孤单，还有一个法律专业人士理解他。

遇见热心的法官，我会说您这样的热心人真难遇到，而且调解能力这么强，我还在律协听过您的课呢，讲得真好。

事实上，我的确经常在开庭前看法官以往的判决，也听过不少北京的婚姻法官的课程，这能让我更好地了解法官的个性，找到夸奖法官的切入点。

当事人则可以直接说重点，比如：法官，我就一件事情要您帮忙，生活太不容易了，您帮我劝劝对方，给降低点报价。

所以，我们给法官留下的印象应当是懂事的好人，最好先得到法官的认可，然后再提出自己的合理诉求。

除了上面提到的原则性的要求，还有一些细节的工作需要律师做好。

一是给客户准备详细的发言稿，最好能让客户背诵出来。

离婚案件中，很多时候是法官直接向当事人问话，不许律师插嘴，尤其是有关事实部分，这些工作是律师替代不了的。

而且很多话从律师嘴里说出来的效果，就是不如当事人自己说出来的效果好。

因此，我上庭前，都是准备两套稿件的：自己一套发言稿，当事人一套发言稿。

这种稿子不同于答辩词和代理意见，它通常有一定的表演性。

女当事人的那一版，我的基本思路是：让法官觉得她招人同情，不要和法官抬杠，顺着法官的话说，让法官觉得她在婚姻中付出多，被欺负了，但又不说对方坏话。女方以后一个人带孩子非常不容易，就是想给孩子多争取点抚养费。

我来举个例子吧。

我有个当事人在澳洲，在第二次起诉离婚时，她老公在香港，一直不接传票，没出过庭。

两个人都是银行外派的工作人员。我们第一次开庭时，法官就明确说了，就算你第二次起诉，我也还是要判不离的，对方不出庭我没办法判离。

所以在第一次开庭的时候，明知道对方当事人不来的概率是百分之九十九，我还是让我的当事人买票回国，大圣诞节的，来回的机票非常贵。我让她出庭，就为了表演一场哭戏。

其实我是怕法官连发公告送达的机会都不给我们，直接选择判不离。

她第一次在法庭上哭完，法官就动摇了，同意给发公告了。

后来，我们第二次开庭，线上开的。我之前是很担心我的当事人不能顺利表达情绪的，毕竟是面对电子设备。我培训了她两个小时，按照她描述的事实写成发言稿，而且逼着她背诵，直到她能给我发录音了为止。

她的稿子是这样的：

法官，我们俩都是在银行工作的，都是外派的。

孩子生下来就是我和我父母带着，我们在孩子一个月的时候就已经分居了，现在孩子四岁半了。

我最开始外派出国的时候，他说什么都不同意我带孩子走。因为他不配合给孩子办签证，我就没法带。我只能一个人出去了好几年，把孩子生生留给我爸妈，法官您想想，我想孩子想得经常半夜哭啊。

后来，我好不容易说服他把孩子的签证办下来了，我就带着孩子出去了。现在的难题是，孩子不敢再回国了，因为一旦回国，下次就又出不去了。每次都要找孩子父亲签字，我再也没有信心说服他再配合我办理一次了，因为我们都在境外，要办理公证等各种手续，非常麻烦。

而且他还因为我要离婚的事情生气，是不会再配合我办这些手续的。

现在，我一个人在国外，孩子的各种签字什么的都办得很麻烦，经常遇到要配偶签字的情况，而我又不是那种有抚养权的单亲妈妈。

法官您体谅体谅我，他就算不给我财产，不给我生活费，这些都行，但是没有孩子我过不了啊。

最近疫情，我父母本来也想回国的，可是因为孩子不能跟着回去，我上班，又没人照顾孩子，我父母也就一直要留在澳洲，等于我们全家人都必须一直留在澳洲。

法官，您帮帮我，我太想离婚了，已经第二次起诉了，拖了这么久，我就是想有个离异的身份，想更好地带孩子。

结果法官果然被打动了，过了几天，离婚判决书就下来了。而且当时我们并没有要抚养费，法官给顺便判了每个月3000元的抚养费。

这个案件我尽力了，判决结果，当事人很满意。

因为我的这项服务的效果很好，所以，每次谈案子的时候，报价前我都会强调一下，自己有个庭前培训，要对庭审表现进行技巧培训，然后再讲一个成功培训过的案例。

很多当事人都是头一次上法庭，很紧张，完全不知道法庭流程。我们的模拟庭审培训中，会提前帮客户准备好发言草稿，而且找人模拟对方，这样再上法庭就不会生气。

大家看，有了这样的服务，谈案子成功的概率就大得多了，报价也就上来了。

我们可以帮着客户准备在法庭上的发言，同时也要提醒客户，在发言稿之外，也就是自由发言的时候，不要触碰到雷区。

比如，不要当着法官的面说对方当事人的坏话。

有的当事人，把法官当成了评判家长里短的判官，什么都想让法官知道，什么事都希望法官给评评理。

我常听到女当事人说：他明明出轨了，怎么还有脸要钱？他就护着他妈，什么都是他妈对，我错！这种话法官并不爱听。

还有，不要当着法官说法律的缺点。

法官是执行法律的，不是制定法律的。

你总讲法律的缺点，法官会想，你觉得法律不公平，你可以不来打官司啊。我也不是制定法律的，我只是照着法律的规定判决而已。

毕竟，法官的自由裁量权也是有限的，就像到底什么算法律意义上的过错，法律明文规定着呢；到底什么是优先抚养权，也不是法官能随便变更的。

再如，不要总给法官扔反问句，更不要对法官进行人身攻击。

有的当事人说：法官，我都这样的条件了，你不给我判离婚，你让我怎么活？

有的当事人说：法官，你不把房子判给我，难道让我睡大马路上吗？

像这样的对方当事人，在法庭上自己就给自己减分了，我们不用怎么出手，就给自己加分了。

其实，让法官同情的办法，从来都不是怼法官，更不是侮辱法官，而是要讲自己的委屈和艰辛，让法官理解自己，体谅自己的难处，进而在自由裁量权内，在判决上照顾自己一些。

最后再说一个细节，就是法庭着装，用形象说服法官。

法庭上，如果律师穿着得体，尤其是比对方律师的穿着得体的情况下，那谈判的自信就会提高，被法官接纳的可能性也会提高。我把这个道理叫"为胜诉而穿着"!

法庭着装,包括律师的着装和当事人的着装。

先说律师的着装。很多法院是不强制穿律师袍的,所以实务中开庭的时候律师的着装依然比较随意。

我的建议是,女律师最好穿合身的西服套装,或者西服面料的连衣裙,深蓝色、咖啡色、浅灰色都是不错的选择。

男律师最好穿深色西装,长袖正装衬衫,打领带。

我见过很多律师和当事人坐在一起出庭的时候,两个人都穿着休闲装,法官分不清哪位是律师。这给人的感觉就非常不专业,你的打扮至少要让法官看一眼就知道你是律师。

再说当事人的着装,我给客户的指令很明确,总结成一点,就是穿正装。

大家看欧美电视剧里头,连证人出庭、犯罪嫌疑人出庭,都必须西装笔挺的,这样的穿着传递给人的信息就是可信度高。

第八章
调 解 技 巧

　　婚姻案件和其他案件不一样，并不是只有拿到胜诉判决才算赢。婚姻案件中，如果不懂调解的技巧，就算判赢了，后期得不到执行，或者把双方的关系闹得非常僵化，也未必是赢，当事人也未必感谢律师。

　　因此，婚姻案件中的调解技巧就显得非常重要。

　　我见到不少律师，非常努力地在做案头工作：跑好多家银行调查明细，去派出所、邻居那里收集各种证据，就是为了在法庭上帮到自己的客户，但最后到了法庭谈判的时候，或者私下里谈判的时候，却没有提前准备任何谈判方案，也没给自己的客户任何关于谈判方法的培训和建议。最后，功夫下了很多，谈判还是败下阵来。

这不是说证据准备不重要，而是说作为一个婚姻律师，要认识到谈判方案的制定以及对法官心理、对方当事人心理的把控的重要性，进而能引领整个谈判过程，这些工作有时候比证据准备更重要。

能让客户为谈判买单，这是婚姻律师业务水平的进阶。

第一节　倾听的技术

律师参与调解，首先要让对方当事人信任你，这样他才有可能听进去你的建议。想让对方信任自己，会听比会说更重要。

曾经有个客户跟我抱怨，她一个人去见了对方的律师，对方律师上来啥都不让她说。她每次想张口说自己为什么要让老公给她这么多钱，对方律师就会打断她，说为什么并不重要，关键是法律是怎么规定的，然后又是一通讲。

这个客户跟我说，对方律师的态度太让她窝火了，本来单枪匹马地和对方律师见面，就已经觉得自己够弱势的了，结果还被对方这顿抢白，感觉自己很屈辱。其实如果对方律师好好说，她也不是说一定不能调解，而继续打官司、拖着老公，这样对她自己也没有好处。但是就冲对方律师的态度，她也一定要坚持把官司打完，不调解了。

这位客户的不爽，是因为没有被倾听。尤其是高端客户，更重视自己的体验。

那为什么有的律师那么爱说呢。一是因为心虚，对自己的观点不自信，所以总想通过多说一点的方式，表现自己的专业水平。二是因为这些律师不懂好好倾听才能获得对方的信任。

每个人都有被倾听、被理解的需要。只有一个人的诉说的需求得到了满足，双方的沟通才有可能顺畅。

在一个案件中，我代理男方。女方没有办法再次生育了，她当然坚决要孩子的抚养权，双方在财产方面的分歧比较大。

女方也请了律师，但看上去她们之间的交流应该仅限于法律层面。所以我打算单独找女方聊聊。

有一次，他们的孩子在医院做手术，两个人都去医院了，我也跟去了，我把男方支开，让他站得远远的，我和女方聊了很久。谈话过程中，她一直哭，很多不能跟她的律师说的话都跟我讲了。比如婆婆的干涉是导致离婚的原因，还有男方的恋母情结什么的，虽然这些和案件本身关系不大，但作为女人，我倾听她的这个过程，就让她对我自然地卸掉了防备。

听完之后我开始调解，很容易就把双方最后的几十万元的差距抹平了。

事后女方还跟我表态，如果不是感觉我能体谅她的不容易，她也不一定接受我的建议，也不一定同意调解。

接下来我就讲讲心理学上关于倾听的四个级别。

第一个级别是，简单的回应。

对方说话的时候，我们就一边说"嗯"，一边用眼神表示我们认真在听，有时候也可以用点头表示。

别小看这一个"嗯"，就这一点很多人都做不到。我做咨询的时候带过不少实习律师，多数实习律师从头到尾都不抬头看当事人一眼。虽然这些当事人不是自己的客户，但是当他们讲了那么悲伤的故事，已经热泪盈眶的时候，他们是多么希望在场的律师都能用眼神呼应他们啊。可是很多律师助理，就默默地对着自己的笔记本，心思只放在记录上。此时此刻，当事人真正需要的是倾听和理解。作为律师助理，虽然不一定也要眼泪汪汪，但至少可以跟着律师一起点头呼应。客户说到动情之处的时候，我们至少可以用"嗯"回应。

客户希望自己的话被人认真听到，自己的痛苦被人理解到。我们的倾听本身对他们而言就已经具有极大的治愈作用了。

第二个级别是引导，也就是鼓励来访者说得更多。

比如，我们可以询问客户：然后呢，还有呢，所以呢？

这不仅表示你对他的谈话有兴趣，希望他继续讲下去，而且更是在引导对方说出自己的目标、诉求，以及需要律师帮他做什么。

比如有的当事人逻辑性比较差，讲了半天，说的都是感情纠葛。当你问他："所以呢？""然后呢？"他就会想，是啊，我讲了这么多，我到底要达到什么目的呢？我到底想干什么？我到底需要律师帮我干什么呢？

在律师的引导下，客户顺势就能厘清思路，也节约了双方的时间。

第三个级别的倾听，就是反馈和澄清。

比如当你听明白了，就可以总结：你丈夫的做法让你很失望，你也决定了离婚，对吗？

或者问：你的意思是说，你其实并不想起诉，而是希望谈判，对吗？

或者问：即便你丈夫伤害了你，你还是希望挽回感情的，我这样理解准确吗？

这些反馈，是对客户的想法做准确的理解，进而提供适当的服务。

我就见过很多当事人，讲了对方一箩筐的坏话，但当我问他们是不是想离婚的时候，他们却说：不，我还没想好，目前我只是想保护我的财产。

幸好我问了，不然，我就会照着离婚的思路给他们建议了。

所以，这样的反馈对他们来讲是非常有必要的，能帮他们梳理自己的想法。这对我们律师也非常必要，能帮我们探寻对方当事人的真实需求。

一位好律师，能做到这三个级别就已经很了不起了。

第四个级别的倾听，是提问。

这种提问，主要是为了让客户思考和选择。

我会把事情好的一面和坏的一面都讲出来，然后让客户自己选择，而且还会告诉他们，选择了就别后悔。

我一般会这样说。如果你们的冲突继续下去，你会面临这样的可能性：以后见孩子的时候两人剑拔弩张，孩子和爸爸的关系会受到影响，打官司带来的心理阴影可能伴随你一辈子。当然了，好处是，你可能稍微多了百分之几的挽回男方的希望。不过最后的决策由你来选择，你打算选哪条路呢？

　　我们问这些问题，是让客户知道，离婚，没有完美的方案。不论选择哪一个方案，都要付出代价。

　　讲清楚利弊的另一个作用是，避免以后发现决策失误的时候，当事人反过来埋怨律师。

第二节　尊重对方当事人

　　有律师问我，在代理案件的过程中，如何避免遭受对方当事人的攻击？尤其是在开庭前后。解决这个问题的核心的办法，就是尊重对方当事人。

　　讲一个我的成功案例吧。

　　一位女客户找我咨询离婚，我叫她婷婷吧。是她老公起诉的她，她老公是北京的一位知名企业家，一年收入上千万的那种，且称他吴总吧。吴总也请了一位离婚律师。

　　开庭前，我和吴总的离婚律师碰了个面。第一次碰面的时候，男女双方的要求差距过大，大概有 1000万元的差距。男方想把北京 1500 万元的房子给女方，青岛的房子自己留下；女方希望额外增加 1000 万元，理由是自己的父母曾经为小两口办移民的事情花了很多钱。

基于这样的差距，第一轮谈判无果而终，不过我们双方律师都认定，男女双方都不是特别计较的人，这个案子调解的概率还是很大的，所以需要一起努力。

后来我又跟对方律师聊过几次，但是感觉推进的速度太慢，我决定亲自上场，跨过对方的离婚律师，找吴总本人渗透。

随后，每次开庭前，在楼道里等法官的那个间隙，我都找机会去和吴总接触，一开始他的离婚律师坐在那里，卡在我俩中间，很影响我和吴总的谈话效果。后来，趁着他的离婚律师接电话的机会，我直接坐到吴总身边，直接找他聊，这样效果最好。

我聊什么呢？我先打他软肋。

吴总是因为自己出轨才要离婚的，他对婷婷的父母有恐惧，对婷婷有愧疚。

因为婷婷的家境很好，父母当年同意自己的女儿嫁给还是穷小子的吴总，非常不容易。结果，在几年前，吴总第一次出轨了，对象是一个实习生。婷婷的父母太心疼女儿了，就找机会让那个实习生吃了点苦头。这件事，让吴总害怕婷婷的父母也会找他现在的出轨对象的麻烦。

而且前年，婷婷的父母为了支持婷婷两口子办理投资移民手续，卖了三套北京的房子，结果移民还没办完，北京房价涨了，美国房价一点没涨，投资移民的公司还一直在亏钱。这时候，吴总又提出要和婷婷离婚，老人很生气。

所以当着吴总的面，我先讲了婷婷的父母的不容易，为了女儿付出一切，现在弄成这样，他们当然不甘心啊。

接着，我对婷婷的父母生气的程度进行了夸大，我说：你也不是不知道婷婷她父母什么样，他们二老来过我律所好几次，坚持要和你鱼死网破，婷婷和我两个人无论怎么劝，都压不住他们的怒火，他们放了很多狠话，说同意女儿和你离婚，但如果你在财产方面处理得不好，他们一定不会善罢甘休。如果为了这点事儿，毁了前途，得不偿失啊。我也是想帮帮你呢。

主要是，要多少财产不是婷婷一个人的意思，她是怕不好跟父母交代。

再说，婷婷为人一直很好，她十多年前支持你在美国读书，一个月光给你妈妈的生活费就三千多元，这些其他女人都很难做到。离婚以后，她还带着孩子，于情于理你都应该帮帮她。

吴总听了这些还是很受用的，几次开庭后，我感觉他头发好像都白了不少。

最后，他同意给婷婷北京的房子，他自己要青岛的房子，而且连青岛的房子，以后也会给孩子，同时给女方 700 万元离婚补偿金。

案子结束后，吴总不仅对我不反感，还对我的水平很认可。后来，他的哥们儿离婚时问他：你上次请的离婚律师好吗？他说：我的离婚律师没啥用，但是我媳妇请的律师不错，把我给说服了。你找我媳妇请的律师吧，她叫于琦。

我把这个案例总结一下，说服对方当事人的几个要点大致有以下几方面。

一是尊重对方人格，不伤害对方。

二是尽量从中立的角度出发，让对方感到自己提出的方案是双赢的。

三是可以跨过对方律师去渗透，找到对方的软肋，提高说服对方的可能性。

第三节　教当事人自己谈判

在婚姻案件的办理过程中，除了律师要努力在法庭内外谈判，当事人自己也应尽量在情感上一同加入谈判，这样的效果往往最好。

尤其是那种对方当事人坚决不同意离婚的，光靠律师谈判，作用是很有限的。

一般情况下，律师的谈判在财产方面更有效，而当事人自己谈判，不仅是在财产方面有效果，在情绪化解方面更有效果。因为人是感性动物，很多坚持离婚的人，更多的还是因为情绪上没有理顺。如果当事人想说服对方，消解他抵触的情绪，就应该先给予他情绪上的照顾和安抚，然后再提出自己的请求，希望他同样也满足自己。

因此，在协议离婚中进行谈判，让对方同意配合自己，这才是快速解决问题的关键，这比打官司有效多了。

那具体应该怎么做，才能在情绪上满足对方呢？主要分为以下四个步骤。

一是肯定和感谢对方。

当一方提出离婚的时候，另一方在情感上往往会受到伤害，他会认为是自己不够好。这种感觉甚至会连带到日常的工作和生活中，觉得谁都针对自己，会产生自我怀疑。

这个时候，对方最需要的是听到肯定他的话。主动提出离婚的一方，最好选择具体事件的细节来肯定他，而不只是一句单薄的"其实你很好"。

例如，你很孝顺，对两边的父母都很好，把我的父母当自己的亲生父母对待，那次我妈生病了，你还无微不至地照顾她。

你很顾家、有责任心，努力工作，赚钱还房贷，保证我和孩子的生活质量。

如果他是一个有梦想、有规划的人，那还可以称赞他是一个为了梦想执着、努力、坚持的人，等等。

所有的这些，同样需要举出包含细节的实例，细节越多越好，因为细节往往最打动人。

以上这些，是为了告诉他："我提离婚，不是你不好，也不是你的错，可能真的就是两个人不合适。"

二是为自己的不足致歉。

一段不尽如人意的婚姻一定是双方都有问题，你自己也会有做得不好的地方，他对你也会有不满。

比如，你平时是否因为工作太忙而忽略了他？你对他的父母好吗？你是个合格的儿媳妇吗？婆媳矛盾严重吗？对于这部分的抱歉，同样也是细节越多越好。

找到自己在婚姻里的不足之处，表达你对他的歉意，不仅是一种反思，也是对他心理的安慰。

如果在谈判的过程中你让他心里舒服了，就能化解很多他对你的怨恨，这比一味地在财产分割方面让步有用得多。因为即使在财产上让步了，对方也未必领情。

三是表达离婚的决心以及对财产分配的意见。

这个部分需要适当示弱，告诉他你的难处，让他明白这段婚姻对于你来说，已经是一种巨大的折磨。

你要举一些包含细节的例子，比如因为感情不合和难过到晚上睡不着，头发使劲儿掉，工作时间突然难过地跑去洗手间崩溃大哭……

告诉他这不是自己理想的婚姻，这种痛苦的状态已经严重影响到你正常的生活和工作，你不想让这种状态再继续下去了。这些细节的描述能够充分表达出离婚的决心。

在财产分配方面，也可以提出自己的方案。

如果你们有共同的房子，你可以说：

"如果你愿意把房子给我，我会想方设法给你补偿，跟父母借也好，跟朋友借也好，总之用各种方法，我在几个月内凑足钱给你。如果把房子给你，你可不可以也尽快凑足钱给我？我们尽快结清，我想尽快把手续办了，把这事儿了结了。"

　　这些表达会让对方知道，离婚的方案你已经想好了，分割财产的手续也没那么复杂。

第九章
与客户沟通的几个窍门

第一节　如何温和地拒绝客户

前几年我代理了一位客户，她被自己的婚姻问题困扰得非常严重，导致情绪非常不可控。当她无力的时候，不知道找谁发泄的时候，我就成了她的坏情绪的出口。在她眼里，我是法律服务的提供者，她是付费的一方，所以她只要想发火，我就要接着。

但是，即使我理解她发火的理由，也不能接受她晚上十点半、十一点了还给我打电话、发微信的行为。她非常喜欢半夜给我发信息，还经常因为我不及时回复而生气。

第二天，我打电话过去和她沟通。我说，我是个离婚律师，假如我半夜十点接了电话，一接就至少是半小时，这些负面情绪会严重影响我的睡眠，我又是个心事重、睡眠质量差的人，这样会严重影响我的身心健康。所以，请尽量在晚上九点前和我联系。

我这么说完，她当时就压不住了，说她接触过很多其他领域的律师，人家在群里恨不得一天24小时都可以随时回复她的信息，随时都能接听她的电话，而我的服务态度让她很不满意。

我说，那你看这样，咱们把工作时间算算，直接结束代理？还是说等你冷静下来之后我们再聊？她没说什么，决定冷静冷静。

就这样，我们来来回回探讨工作模式，几次博弈之后，她还是决定遵守我的工作模式，继续委托我。

最后的结果是，她的婚姻问题顺利解决，而且后来一直和我保持联系，还经常给我推荐客户。

我讲这个案例是想说，有时候，当你迫不得已选择了较难相处的客户，也没有必要事事顺着客户，依然可以通过设置规则来平衡自己和客户的工作模式，建立必要的边界感。

根据我的经验，较为妥帖的方式是，当客户的情绪在线的时候，不要正面触碰客户的锋芒，给客户一个缓冲的时间。因为如果迎着客户锋芒和他正面对抗，我们自己的情绪往往也会上来，那样就非常不利于代理关系的继续了。我们可以向客户建议：等你冷静之后我们再谈好不好？一般来讲，几个小时后，客户的情绪都会有所缓解，也会明白刚刚是他太冲动了。

很多律师对于客户的需求不知道如何恰当地拒绝，导致给客户过多地输出了情绪价值。比如有一位律师向我咨询：一个案子正在办理的过程中，还没到起诉阶段，她就发现律师费收少了。因为客户没事就给她发微信，从如何带着孩子搬出来，到如何防止老公家暴，再到如何解决自己的恐惧……自签约以来，客户一天给她发无数条微信，让她的压力非常大。

我说，你压力很大，是因为你很想让客户满意，你怕你不及时回复，客户就对你不满意了，是吧？

　　她说，是的，可是及时回复又会让自己的时间被扯得七零八碎。

　　我说，你也要培养客户的习惯。第一，你要懂得拒绝，让她知道，你无法每次都及时回复她。如果有非常紧急的情况，可以打电话。如果没有，可以把问题集中到一起，一并电话沟通，或者见面沟通。

　　而且，微信里的文字沟通，实际效果往往也不怎么好，你就算及时回复了，客户也经常会不满意。所以，不如你培养她电话沟通或者见面沟通的习惯，让她知道，你不是随时都能在微信上待命的。

　　当然，拒绝的表达也是有方法的，分为表态、解释和代替方法几个层面。

　　首先，你要表态，表达出"我很重视你和你的案子"的态度。

　　其次，可以解释一下刚才为什么无法及时回复。

　　最后，提出替代的解决方案：以后类似的事情，我们可不可以用电话或者面谈的方式沟通呢？

第二节　如何让客户觉得我把他的事情放在心上

除了对客户有问必答的律师，也还是有不少律师，接了案子之后不向当事人汇报进度，也不和当事人主动联系，开庭前也不和当事人演练，这让当事人很不满意。

一般情况下，当事人对律师不满意，主要是对服务态度不满意。有的律师就接待的当天和客户聊会儿天，接下来自己默默整理文件，也不和客户沟通，客户也不知道他在忙什么。在这种情况下，一旦案子败诉了，当事人就有可能要求退费。

相比之下，如果当事人看到了律师认真负责任的态度，看到了律师为他们的案子尽心尽力，就算判决的结果不理想，他们也会体谅、理解律师的。

从这个角度看，就算当事人不联系自己，律师也要隔一段时间就向当事人汇报一下案子的进度，或者隔段时间问候一下当事人。

　　如果律师需要帮助当事人和对方沟通，每次沟通前要取得当事人的充分授权，诸如被授权的谈判范围等；和对方沟通后，律师也要向当事人专门汇报沟通过程。

　　尤其是开庭前，一定要进行开庭培训，让当事人知道自己该说什么，告诫他们不要说什么，以及律师会说什么，这些都要讲清楚。同时，也要给当事人演练庭审的整个过程，预测对方会说什么，我们该接什么话；预测法官会从哪几个角度考量判决以及会问什么问题。

　　庭审后要和当事人及时复盘，比如分析一下法官的陈述传递了哪些信息。毕竟，我们法律人听到了法官的一句话就知道法官要表达什么，可是当事人经常不懂这些专业表达的隐喻。所以，律师就有必要跟客户解释整个庭审现场中，哪些话要重点领悟，还要告诉客户律师对于法官的某些话的理解思路，律师对判决结果的预判。

　　另外，当案子结果有可能不理想的时候，法官也会通过各种方式不断提示我们，法官的"暗示"，我们要及时"翻译"给客户。比如我处理过的一个腾房纠纷，是离婚纠纷的后续。开了一次庭之后，法官给我来电话，要我劝当事人调解，而且明里暗里告诉我，如果不调解就会判我们输了。我苦口婆心地把法官的意思转告我的当事人，但是他还是没有接受调解，这样，结果就不由我负责了，毕竟我真的是尽力劝说了。后来出了判决结果，也的确是我们输了，好在当事人并不怪我。

第三节　面对客户指责，律师怎么办？

当事人的指责是怎么影响律师的工作的呢？一般来讲，指责会给律师以下几点感受。

第一，被指责就是被否定。你内心确信，但凡有人说你"不好"，你就"不好"；你是什么人，取决于评价者。在这种情况下，你之所以受伤，是因为你认同了他的评价。他说你差，你也觉得自己差，才会难受。一个人如果对自己有充分的肯定，比如很清楚自己是什么样的人，这样，即使面对别人的指责，也不会轻易难过。

比如客户指责你不负责任，没有及时汇报工作；但你并不觉得自己哪里做得不好，就不会难受。但如果你也觉得自己的确不负责任，那就会难受了。

如果客户刚好指责了你最敏感的地方，说你没能力、没水平，而你恰好也觉得这种否定的评价难以接受，那就说明他很有可能说对了，说到你心坎里了。所以，伤害你的从来不是被否定，而是你本人也觉得自己很差。所以还是要客观评价自己到底好不好，而不是以他人的评价为标准。

第二，害怕惩罚。很多时候，如果单单是被指责，我们就静静看着就好了，也不必害怕。但是很多人面对指责，往往会不自觉地联想到后续的惩罚。就像我小时候，不论做什么，都要看我爸脸色，打碎了杯子的第一时间，想到的甚至是如果我被割伤流血了，我爸就不会骂我了。虽然不是每次都要被我爸打，但他马上要打人的样子也很吓人，以至于我长大后面对某些人的指责，总是联想到我要被打。

所以，每个人都有对于指责背后的惩罚的联想。

有人说，如果大客户指责我，说以后就不给我项目做了，以后我就没有业务了，就意味着我的生存资源要被剥夺了，这样我就会害怕。

有位律师说，一个客户指责我了。我说，你们签合同了是吧，那你到底还在担心什么呢？他说，客户觉得我不好，就会到处散播我的谣言，周围的人就都会知道我很差了啊，以后别的客户也不找我了啊，连我的同事也可能知道我是个不好的人，都不理我了。

对于这位律师而言，他不是害怕指责者离开他，而是担心指责者动员其他人孤立他，通过这种方式来惩罚他。事实上，这些惩罚真的会发生吗？几乎所有的对惩罚的担忧都是自己想象出来的。当你不再害怕被惩罚了，你也就不怕被指责了。

第三，无助。这种无助就是，你可能伤害我，我斗不过你，我非常害怕。这种无助击中了你内心的脆弱。

其实在任何系统中，每个人都在无意识地照顾自己。所以脆弱的人，总是在不经意间受到惩罚和伤害。

反过来说，如果你相信凭借自己的能力不会被惩罚，指责也就不会激活你的恐惧了。所以，让自己的内心变得更强大，指责就没什么可怕了。

第四节　适度暴露自己的脆弱，更容易拉近距离

　　从业之初，我经常故意和客户拉开一点距离。我以前总是怕暴露自己的脆弱，怕别人了解我太多。慢慢地，我开始越来越真诚，对很多人都敞开心扉，包括对客户。对一些谈得来的客户，我会聊很多自己的事情，也很喜欢日后能继续和他们联系，这也给我的生活增加了很多乐趣。

　　前段时间，一位打了三年离婚官司的客户，终于拿到了法院的离婚判决。前几天，她带着新的男朋友，一起来我家吃饭喝酒，到半夜，睡在我家了。后来她还和新男朋友买了房，我帮忙起草的合同。我也很高兴多了个朋友，直到现在我们也经常聊天。

　　敢于暴露脆弱，是人和人相互走近的最好方式。

　　真诚是通往心灵的方法，不仅是当事人对我们真

诚；同样，我们也要对当事人真诚，这样才能更好地进行交流。

比如有一个案子，我总是担心判决结果不如意，我每次都劝说当事人降低期望，但是当事人依然很坚持。直到有一天，我鼓起勇气问："如果判下来，不像你想的那样，你会怪我吗？我好害怕你怪我啊。"

她说："要是结果真的没我想象得好，我能怎么办呢？我还是准备一下吧，如果房子没法判给我，我就再买一套。"

她这一句话，让我彻底释怀了，从此我就没有那么大的压力了。

还有，我会和客户说我自己也得过抑郁症，这让我和同样得过抑郁症的当事人越来越近了。

我会说，你的病症我也有：睡眠不好，甚至浑身发抖，要靠吃药来缓解。所以我很理解每个经历过感情重创的人，他们都可能在这个阶段抑郁。很多时候，我一提及这段感受，当事人就立刻觉得被理解了，否则很多当事人对自己的状态是无法接纳的，他们甚至怕被嘲笑。

我把我患有抑郁症的情况发到了朋友圈，得到了前所未有的反馈和关心。

有的老朋友来电话问候我说：你原来光鲜亮丽的时候，我们不敢联系你，现在看你不开心，就想陪陪你。同事们也每天被我拽着，我黏着人家陪我，反正我不敢一个人待着。

这样来看，选择合适的人暴露自己的脆弱并不可怕，其实人们往往在最脆弱的时候，反倒能看到身边谁是爱你的。

优秀的时候，人们往往不敢太接近你；脆弱了，人们会觉得你也需要他们的帮助。所以我们的脆弱，有时候不仅不丢脸，反而是和人建立连接的一种方式。

写在最后

　　做婚姻律师的确不容易，毕竟我们处理的是客户最糟心的事情，婚姻律师要陪伴客户走过人生最艰难的一个阶段。

　　但做婚姻律师也很幸福，当客户卸下盔甲，在我们面前暴露他们的脆弱时，我们也会觉得自己被信任，觉得自己很重要。

　　我们会接触到各种各样的当事人，可以从不同人的眼里看世界，我们会发现每个人都有自己看问题的视角。这样，我们的包容度会越来越高，也更容易和自己的原生家庭和解。

　　希望我们一边"成人"，一边"达己"；借由婚姻律师工作，满足他人，发现自己。